华中师范大学出版基金丛书

学术著作系列

U1009850

儿童少年生理指标与身体素质敏感期关联性研究

李恩荆 著

CBJJ

华中师范大学出版社

新出图证（鄂）字10号
图书在版编目（CIP）数据

儿童少年生理指标与身体素质敏感期关联性研究/李恩荆著. —武汉：华中师范大学出版社，2021.8
ISBN 978-7-5622-7770-5

Ⅰ.①儿… Ⅱ.①李… Ⅲ.①少年儿童—生理指标（体育运动）—关系—身体素质—研究 Ⅳ.①G804

中国版本图书馆CIP数据核字（2021）第176103号

儿童少年生理指标与身体素质敏感期关联性研究
© 李恩荆 著

责任编辑：张晶晶　　责任校对：罗　艺　　封面设计：罗明波
编辑室：综合编辑室　　电话：027-67867370
出版发行：华中师范大学出版社有限责任公司
社址：湖北省武汉市洪山区珞喻路152号　　邮编：430079
电话：027-67863426（发行部）　　传真：027-67863291
网址：http://press.ccnu.edu.cn　　电子信箱：press@mail.ccnu.edu.cn
印刷：武汉市籍缘印刷厂　　督印：刘　敏
开本：710mm×1000mm　1/16　　印张：10.5
版次：2021年8月第1版　　印次：2021年8月第1次印刷
字数：162千字　　定价：48.00元
欢迎上网查询、购书

目　　录

1　绪　　论 …… 1

1.1　研究背景 …… 3

1.2　研究目的与意义 …… 6

2　文献综述 …… 9

2.1　儿童少年生长发育与体质调研进展 …… 9

2.2　身体素质概念的界定与体质体能关系研究 …… 11

2.3　生理生化指标与身体素质的关联研究 …… 13

2.4　身体素质敏感期研究 …… 35

2.5　骨龄应用研究 …… 38

3　研究对象与方法 …… 41

3.1　研究对象 …… 41

3.2　研究方法 …… 43

4　结果与分析 …… 48

4.1　身体形态 …… 48

4.2　体成分与身体素质敏感期的关系 …… 65

4.3　心脏功能与身体素质敏感期的关系 …… 77

4.4　内分泌系统与身体素质敏感期的关系 …… 93

4.5　神经系统与身体素质敏感期的关系 …… 109

4.6　儿童少年生理功能变化与身体素质敏感期 …… 125

5　结论与建议 …… 135

5.1　结论 …… 135

5.2　建议 …… 136

参考文献…………………………………………………………………… 137
附　　录…………………………………………………………………… 142
一、影响儿童少年身体素质敏感期生理生化指标筛选专家调查问卷 ……………………………………………………………………………… 142
二、儿童少年体质健康调研学生调查问卷………………………………… 143
三、告家长知情书……………………………………………………………… 148
四、形态指标测量细则………………………………………………………… 149
五、生理功能指标检测细则…………………………………………………… 156
六、运动能力指标测试细则…………………………………………………… 158
七、骨龄检测细则……………………………………………………………… 161
八、测试仪器型号规格 ……………………………………………………… 162
九、本书主要符号……………………………………………………………… 163

1 绪 论

随着 21 世纪的到来，人类进入一个充满激烈竞争的时代。科技的竞争、经济的竞争等归根结底都是人才的竞争，特别是青年人才的竞争。新时期要求人才不仅要有健康的身体，还要有健康的心理。要保持健康的心理，提高身体素质不失为一剂良药。身体素质不仅是肌肉工作中身体机能的反映，也是身体健康发展、体质健康的主要标志。只有全面协调地提高身体素质，才能促进青少年身体的正常发育、体格健壮、体态健美、机能完善。因此我们应该对发展青少年身体素质予以高度的重视。

2007 年中共中央、国务院下发《关于加强青少年体育增强青少年体质的意见》(简称“中发 7 号文件”)，该文件是我国有关青少年健康的最高级别文件。中发 7 号文件明确指出：“认真落实健康第一的指导思想，把增强学生体质作为学校教育的基本目标之一。”随后国务院办公厅又转发了教育部、国家体育总局等《关于进一步加强学校体育工作的若干意见》的通知，强调要把增强青少年体质健康、加强青少年体育锻炼作为提高全民健康素质的基础工程，把加强学校体育工作作为贯彻党的教育指导方针、实施学生素质教育和提高各级各类学校教育质量的重要举措。这对强化学校体育工作的开展，推动青少年体育蓬勃发展，促进学生身心健康起到了重要作用。仅 2008—2009 年有关部门就先后制定并颁布了 11 份与之相关的政策文件，密度之高为新中国成立以来之最。

但是，自 1985 年以来，教育部等六部委连续 25 年的“全国学生体质与健康调研”结果显示，我国儿童青少年体质的一些重要指标呈下降趋势，体质状况连续下降，现状不容乐观。与此同时，我国体育基础薄弱，后备人才匮乏，又因为青少年体质进一步下降，已经严重影响到征兵质量，国防安全建设将面临严峻挑战。

我国“十二五”时期，是社会发展的重要战略机遇期。《“健康中国2020”战略研究报告》中提出了“健康中国”这一重大战略思想。报告中将“健康强国”作为一项基本国策，在关系到国家未来发展的关键时期，把全民健康摆在国家优先发展的战略地位，特别是儿童青少年体质健康的战略地位更加凸显。在推进体育大国向体育强国迈进的伟大历史征程中，如何增强青少年体质，把握青少年运动能力发展规律，切实有效提高儿童青少年身体素质，为竞技体育发现和培养更多后备可用之才，事关我国体育事业可持续性发展，是一项具有基础性、全局性的重要工作。

近年来，旨在提升儿童青少年体质健康水平的研究众多，其中儿童青少年体能发展敏感期问题的研究是热点之一。许多研究表明：在儿童青少年“敏感期”，如果施加有目的的训练等外因，与遗传、自然生长发育等内因相互配合，势必会对体能发展起到事半功倍的效果，并可为儿童青少年体质健康打下坚实基础。大量研究表明①②③，儿童少年时期经常参加体育运动不仅对他们的生长发育和健康起着十分重要的作用，而且在这个时期形成的运动模式可以持续到成年期，对预防以后生活中慢性疾病的发生有极其重要的作用。如果在少儿时期养成良好的运动习惯，形成终身运动的观念，将会受益终身。学生的身体健康水平与其体能状况紧密相关，而良好的体能是通过持之以恒的锻炼获得的。根据学生敏感期的特征合理安排教学内容可更有效地提高学生身体素质。另外，学生敏感期特征也为学校教学手段的选择运用和学生体质水平的提高提供了理论依据。

而目前，我国运动训练理论的发展现状与体育发达国家相比，存在着明显的差距，这种差距首先表现在运动生物学理论基础的薄弱方

① BORNSTEIN M H. Sensitive periods in development：structural characteristics and causal interpretations [J]. Psychological bulletin，1989，105 (2)：179-197.

② LOKO J，et al. Age differences in growth and physical abilities in trained and untrained girls 10-17 years of age [J]. American journal of human biology，2003，15 (1)：72-77.

③ CHAUHAN N R，KAPOOR B S. Prospective and retrospective longitudinal studies of the growth，maturation，and fitness of polish youth active in sport [J]. Internation journal of sports medidicine，1997，18 (S3)：S179-S185.

面[①]。对儿童少年运动生物学基础研究的欠缺，削弱了理论对实践的指导，降低了练习效率。同时对儿童少年运动能力发展规律认识上的匮乏，使得青少年训练成为无根之木，无源之水。

根据当代儿童少年训练理论的研究成果，可以清晰看到，其训练理论的丰富和完善，一直是在科学理论和实践经验的矛盾冲突与激烈碰撞过程中前行。由形成初期的经验模式逐渐走向科学化，越来越多的训练原理、训练理论来自系统科学的研究与深入，越来越多的“实践经验”在大浪淘沙般的科学验证中或升华，或淘汰。儿童少年训练理论的这种由偶然向必然、由无序到有序的演变过程主要源于对儿童少年生长发育规律的认识，源于对其身体素质发展阶段特征的掌握。所有重大训练理论的提出和发展都必须建立在科学的研究基础之上。在每一种训练原则、方法和手段的背后，都应该可以追溯到被称为“训练原理”的相关基础理论。因此，对儿童少年身体素质发展规律的更深层次的认识，已经成为切实提高身体素质，以及科学化训练的原始起点和主要推动力。加强儿童少年训练理论中运动生物学基础的研究，是摆在体育界、教育界一项刻不容缓的任务。

1.1 研究背景

1.1.1 儿童少年研究阶段的划分依据

(1) 年龄阶段的划分

根据生长发育的规律以及形态、生理和心理的特点，一般将儿童少年的年龄划分为以下几个时期[②]：

婴儿期：2～3 岁

幼儿期：4～6 岁（学龄前儿童）

学龄儿童：7～12 岁

少年期：13～17 岁

青年期：18～25 岁

各年龄阶段的上下相邻之间并无明显界限，前一年龄段的发育为后

① 陈小平．重塑我国训练理论的运动生物学基础［J］．体育科学，2010（11）：17-23.

② 全国体育院校教材委员会．运动生理学［M］．北京：人民体育出版社，2002：373.

一年龄段的发育奠定必要的基础。学龄儿童即通常所说的“儿童”，相当于小学时期。少年期相当于中学时期（少年甲组相当于初中，少年乙组相当于高中），中学毕业意味着少年期结束，跨入青年期。从 7 岁到 17 岁总称为“儿童少年时期”，这一时期是儿童少年身体生长发育中最重要的时期。

（2）身体素质发展的阶段性特点

身体素质的自然增长包括增长阶段和稳定阶段①，这已被科学所证实。增长阶段是身体素质随年龄增长而递增的阶段，其中，包括快速增长阶段和缓慢增长阶段。稳定阶段是身体素质增长的速度明显减慢或停滞，甚至是有所下降的年龄阶段。

儿童少年身体素质增长阶段和稳定阶段的年龄划分如表 1-1 所示。

表 1-1　儿童少年身体素质增长阶段和稳定阶段的年龄

身体素质	增长阶段年龄		稳定阶段年龄	
	岁/男	岁/女	岁/男	岁/女
60 m 跑	7～15	7～12	>15	>12
400 m 跑	7～15	7～12	>15	>12
1 min 仰卧起坐	7～16	7～15	>16	>15
立定跳远	7～18	7～18	>18	>18
曲臂悬垂	7～19	25	>19	>25

注：摘自体育学院通用教材《运动生理学》，2002 年版。

从表 1-1 可以看出，身体素质由增长阶段过渡到稳定阶段有先后之别，按先后顺序排列为速度素质最先，耐力素质次之，力量素质最晚，男女顺序一致。而增长阶段的年龄大部分集中在儿童少年时期，因此选取 6～16 岁儿童少年阶段（小学一年级—高中二年级学生）为研究对象，通过身体形态、运动素质、机能测试等研究儿童少年运动能力生长发育的阶段特征。

1.1.2　儿童少年身体素质研究现状分析

儿童少年身体素质的研究历史悠久，研究领域广泛。研究表明，人

---

① 全国体育院校教材委员会．运动生理学［M］．北京：人民体育出版社，2002：382．

的心理素质和适应能力是改善和增强体质的手段之一[①]。而儿童少年体质的好坏将直接或间接影响人一生的生活质量的高低。身体素质既受遗传因素的影响，也受后天环境因素的制约。

我国连续25年的全国学生体质调研，为增强儿童少年体质提供了大量基础数据资料和科学决策的依据。但是，这些研究只限于常规的形态、机能与素质的测试，并没有涉及有针对性的机能指标及影响这些外在素质表现的内因探寻。沈海琴等[②]自1982年开始对北京市学生进行了为期12年的追踪调查，为研究儿童少年生长发育规律提供了依据，但时间较早。张一民等[③]曾对10至11岁女生按骨龄划分不同发育类型，并对其发育特征进行了研究，但涉及面有限。池建等[④]采用纵向追踪的研究方法，探讨3种不同发育类型儿童少年力量素质的特征和发展变化规律，但只涉及7岁儿童单一身体素质的研究，深层机理研究并未涉及。此外，在体质调研方面，不少地区开展了多年纵向追踪观察，但这些研究中，有关儿童少年形态、机能、素质和心理等方面多采用年龄分组，有的虽采用骨龄分组，但未涉及不同发育类型。有的虽考虑到不同发育类型，但又仅限于对一般形态指标的研究，并未出现针对同一研究对象所进行的身体素质、生理生化、神经发育、内分泌指标等多层面、多角度的综合交叉研究。

反观国外关于儿童少年身体素质的研究，历史较长，早期基本上是医学科学的一个范畴。近几十年来，随着科技的进步，国外不仅在医学与生物学领域，还在体育、教育领域深入探讨儿童少年的体质健康与身体素质问题，一批研究成果运用到实践中。特别是对儿童身体素质特点的研究，为指导结合年龄特征的适宜运动项目评估、评价儿童少年体育

---

① 张瑛秋．青春发育突增期（高峰年龄）不同发育类型学生体质特征及健康促进［D］．北京：北京体育大学，2002.

② 沈海琴，徐刚，陈珑．儿童少年生长发育12年追踪研究［M］．北京：北京体育大学出版社，1998.

③ 张一民，邢文华，曾云贵．青春突增期不同发育类型女生骨矿成分和性激素水平特征研究［J］．体育科学，1997（2）：62-67.

④ 池建，张一民，李耀章．7～12岁不同发育类型儿童少年力量素质的变化特征［J］．体育科学，1997（4）：55-60.

教学训练计划，以及科学选拔专业人才等提供了依据，而这些正是我国儿童少年身体素质研究中的薄弱环节。

1.1.3 身体素质发展敏感期研究现状分析

国内外关于敏感期的研究主要集中在敏感期界定标准、敏感期干预方法以及敏感期干预效果是否“敏感”这三个方面，而研究结果也不尽相同。

首先，对比国外敏感期界定标准的一致性，国内敏感期界定标准尚不统一。而标准的不同，必然导致“身体素质发展敏感期”界定结果出现多种解释。这在一定程度上说明国内学者对身体素质发展敏感期内涵、理论基础等研究尚不够深入，许多研究都是零散的，难以形成全面、客观、科学的研究成果。未来研究应在国际大背景下，明确敏感期的界定标准，国内外研究成果才具有可比性，才能有据可循。

其次，国内外较多研究表明，对处于身体素质发展敏感期的儿童青少年实施有针对性的干预训练，对儿童青少年的身体素质发展能起到事半功倍的效果，这与儿童青少年生理学、心理学、人类动作发展等已有理论成果一致。不过，一些学者对于敏感期干预效果并不“敏感”的实验结果说明，尽管在儿童青少年身体素质发展敏感期，绝大多数身体素质和能力提高很快，但也不应忽视在非敏感期发展这些身体素质和能力。

最后，身体素质发展敏感期是儿童青少年生长过程中一段特殊的时期，生理特征（身体形态、体成分等）的变化只是其外在表现形式，还受心理、遗传等内在因素及环境等外在因素的影响。因此，未来有关身体素质发展敏感期的研究应考虑从单一因素研究范式向多视角综合性研究范式转变，从外在身体形态变化的研究向内在起决定作用因素的研究转变。

1.2 研究目的与意义

1.2.1 研究目的

本研究采用实验测试方法，通过对儿童少年运动机能、身体形态、发育水平、身体素质的测试，揭示影响儿童少年运动能力的身体形态与机能发展变化的阶段性特征，并试图探究身体素质随身体形态、神经发育、心血管机能、内分泌系统生长发育变化的阶段规律，寻找儿童少年生理功能变化与身体素质发展敏感期的关联性。

1.2.2 研究意义

（1）为儿童少年定向培养提供指导意见

目前，现代竞技运动水平的发展已逐步接近人类自身的体能极限，同时随着人力成本的增加，仅靠经验选拔专业人才和训练已经很难满足现代竞技体育发展的需要。只有在充分研究和认识人体机能遗传特征及儿童少年生长发育规律的基础上，根据不同运动项目的特征与要求，把具有运动天赋的儿童少年及早选拔出来，并加以科学训练，才有可能最终获得优异的成绩。因此，研究和认识影响儿童少年身体形态和身体素质发展敏感期特征，以及全面掌握其运动能力发展规律，就成了所有训练的始发点，也只有通过科学、深入的研究，才能做到训练事半功倍。

（2）为制订和修改教学训练计划提供客观依据

在教学、训练工作开始之前，掌握原始资料，了解教学、训练对象的基本情况与能力水平极为重要。通过全方面测试儿童少年的身体素质相关的生理机能指标，科学把握这些影响运动能力发展的机能指标的规律，以此来确定身体素质发展敏感期和教学训练目标。为达到目标，科学地制订教学、训练计划，使所制订的计划尽量与个体实际情况相符合，以收到事半功倍的实施效果。同时在计划实施的各个阶段，根据对象的生长发育状态及时修改计划、调整内容，积极主动地控制计划的实施，不断改进教学训练方式，使之更科学、更合理。

（3）为政府职能部门的决策提供理论依据

在科学理论指导下所获得的各种实验数据及价值判断结论，作为各级教育主管部门制定政策的科学依据，以便职能部门把握决策方向。将所获得的反馈信息作为制定与修改体育政策的理论依据，使其与社会的发展以及国情、地区、单位的情况相适应，提高政府部门决策的正确性、科学性和预测性。

（4）为学生个体发展提供目标

对儿童少年运动能力发展阶段特征的研究，有助于科学把控身体素质发展敏感期特征变化，帮助儿童少年了解个人自身长处、弱点及能力水平，客观地认识个人在团体中所处的位置及优劣，明确个人努力的方向，激发学习兴趣，使之主动与指导者配合，积极参与教学、训练等活动，提高练习效果。

2 文献综述

2.1 儿童少年生长发育与体质调研进展

中共中央、国务院 2016 年 10 月印发《“健康中国 2030”规划纲要》，提出将健康放在优先发展的战略地位，到 2030 年要实现人民身体素质明显增强，经常参加体育锻炼的人数达到 5.3 亿等具体目标[①]。良好的体质是健康生活的最基本要素，提高自身体质的健康水平是每一个人的责任。学生是全民中一个主要群体，是实现两个百年奋斗目标和伟大中国梦的重要生力军。青少年身心健康、体魄强健，是健康中国建设的重要部分，是国家现有及潜在综合实力的重要体现。因此，开展学生体质调查及相关研究具有重要现实意义[②③]。

自 1985 年第一次大规模开展学生体质健康测试至今已 30 余年，初中生体质健康一直以来都是备受国家关注的重大问题，国家对开展学生体质健康工作一直在不断改革和完善。初中阶段正处于人生发育的青春期，正是发展身体和心理的阶段，健康的身心发展和良好的运动习惯养成十分重要。国家一再强调发展初中生体质健康，并为此不断完善测试机制和方式，制定相关政策。虽然近些年初中生体质健康问题下滑现象得到了缓解，但目前中小学生体质状况在整体上仍不及 2000 年以前，存在的突出问题包括居高不下的超重和肥胖检出率。在应试大环境下家长过分重视青少年学分的现象仍旧存在，导致了青少年体质的健康状况不容乐观。

---

① 新华社. 中共中央国务院印发《“健康中国 2030”规划纲要》[N]. 人民日报，2016-10-26 (1).

② 杨丰阳. 2013—2015 年国家学生体质健康标准文献综述 [J]. 当代体育科技，2015 (35)：202-204.

③ 郭建军，杨桦. 中国青少年体育发展报告：2015 [M]. 北京：社会科学文献出版社，2015.

国内关于青少年儿童体质状况的研究从2003年开始迅速增多，研究的热点内容从对汉族学生的身体形态、生长发育、机能的研究逐渐转变为对学生身体素质、肥胖以及少数民族学生体质的研究，研究的热点有明显的阶段性。对青少年儿童身体素质的研究，主要是对不同年份（纵向）和不同地区（横向）的均数进行比较。从全国来看，儿童青少年身体素质的纵向变化为：1985—1995年，儿童青少年的身体素质达到高峰；1995—2005年，儿童青少年的各项身体素质持续下滑，到达最低点[①②③④⑤⑥]。2003年以来，儿童青少年肥胖相关研究快速增长，近10年一直保持较高的热度。其中，北京大学儿童青少年卫生研究所在我国儿童青少年肥胖的筛查与诊断、流行趋势等方面的研究中发挥着引领作用[⑦⑧⑨⑩⑪]。

从以上研究结果可以看出，一方面，我国青少年随着营养状况的改善，身体形态指标的发育水平逐步提高；另一方面，随着身体机能和素

---

① 朱寒笑，周瑶，胡琪. 北京市中小学生1985—2000年身体素质监测结果分析［J］. 北京体育大学学报，2006，29（12）：1663-1665.

② 王晓琴. 太原市2005与1985年中小学生身体形态和素质状况比较［J］. 中国学校卫生，2008，29（11）：1006-1007.

③ 王利东. 1991年—2005年山西省7—18岁中小学生身体素质动态分析及对策研究［D］. 太原：太原理工大学，2008.

④ 苏立新. 南京市2010年与2005年7～17岁学生身体素质比较［J］. 中国学校卫生，2011，32（12）：1481-1483.

⑤ 杨秋颖，王俊琪，李秉垠，等. 1985—2010年河北中小学生身体素质特征动态分析［J］. 运动，2014（18）：43-45.

⑥ 梁利花. 郑州市1985—2010年中小学生身体素质变化趋势及影响因素分析［J］. 中国学校卫生，2013，34（12）：1481-1483.

⑦ 马军，蔡赐河，王海俊，等. 1985—2010年中国学生超重与肥胖流行趋势［J］. 中华预防医学杂志，2012，46（9）：776-780.

⑧ 马军，吴双胜. 中国学龄儿童青少年超重肥胖流行趋势分析［J］. 中国学校卫生，2009，30（3）：195-197；200.

⑨ 黄文君，杨雯娣，林大鹏，等. 大连市7～18岁学生1995～2005年肥胖流行情况分析：以皮褶厚度计算体脂含量［J］. 中国组织工程研究与临床康复，2007，36（11）：7271-7274.

⑩ 李静，罗纳，朱霖. 北京市海淀区1985—2010年中小学生肥胖变化趋势分析［J］. 中国学校卫生，2012，33（9）：1088-1091.

⑪ 陈静仪. 广州市儿童青少年1985—2014年超重肥胖流行趋势［J］. 中国学校卫生，2016，37（12）：1915-1917.

质的持续下降，特别是耐力、柔韧、力量三种身体素质及肺活量下降，儿童青少年超重和肥胖比例大大增加，导致成年后的高血压、冠心病、糖尿病等患病概率明显增加。此外，青少年身体机能和身体素质的连续下降，也将危及我们民族的整体体质与健康，严重威胁到我国人口体质质量；青少年视力不良导致国防、航空、航海等特殊行业不得不放宽视力标准的要求；从竞技体育后备人才的培养来看，也必将导致体育后备人才资源的匮乏或枯竭，严重影响到我国体育事业的开展。

2.2　身体素质概念的界定与体质体能关系研究

2.2.1　基本概念的界定

在对身体素质的研究中，不同学者分别从体格、体能、体质、健康等角度进行了分析，下面将对这些相关概念加以区分。

体格是指人体外表的形态结构。“体格”在《体育词典》[①] 中指人体生长发育的水平，身体的整体指数与比例（体型），以及身体姿态。在《辞海》[②] 中体格是指反映人体生长发育水平、营养状况和锻炼程度的状态。对体格的研究一般是通过观察和测量身体各部分的大小、形状、匀称度，以及身高、体重、胸围、肩宽、骨盆宽度、皮肤与皮下软组织厚度等情况来判断。可见，体格一般是指身体姿态、身体整体指数及比例、生长发育的水平所表现出来的人体的形态结构[③]。

而身体素质范畴更广，包括以形态结构为表象的人体生长发育和身体机能水平，表现生理功能的运动素质和运动技能水平。因此，就构成要素而论，身体素质含体格、气质、生理功能等方面的要件，体格是身体素质的重要组成部分。另外，身体素质具有整体性含义，体格多指个体身体特征，一般用于评定个体身体状态。

体能是在人体三大供能系统能量代谢活动基础上，人体各器官系统的机能在肌肉活动中表现出来的能力[④]。从生物化学的观点分析，体能

① 体育词典编辑委员会．体育词典［Z］．上海：上海辞书出版社，1984．

② 辞海编辑委员会．辞海［Z］．上海：上海辞书出版社，1999．

③ 全国体育学院教材委员会《体育理论》编写组．体育理论［M］．北京：人民体育出版社，1987．

④ 黄瑞琦．现代行业语词典［Z］．海口：南海出版公司，2000：717．

的高低主要取决于人体在运动过程中能量的供给、转移和整合利用能力的高低。最初体能主要应用于竞技运动中，但是，随着科学的发展，体能概念的外延也逐渐扩大，应用范围也不断扩大。目前，体能可分为专项体能和一般体能。专项体能主要针对竞技运动；一般体能主要指在人体基本活动中表现出来的身体状态。人体基本活动能力包括走、跑、跳、投、攀爬、悬垂、支撑、搬运、负重、平衡、滚翻等，这是人体在日常生活、劳动和体育活动中不可缺少的基本能力。体能是在人体基本活动中各器官系统表现出的速度、力量、耐力、灵敏、柔韧等素质状况。

2.2.2 身体素质、身体机能、体能三者的关系

体能和身体机能通常是密不可分的。身体机能是体能的基础，体能是身体机能的外在表现。身体的机能水平在一定程度上决定了体能状况。相对于体能，身体素质的外在表现是多种多样的，有身体形态的、身体机能的、运动能力的、发育状况的等。体能的好坏，主要体现的是人体运动能力的强弱。而身体素质好不仅表示身体形态、身体机能健康，也能够表明人体对自然环境、社会环境的适应能力，以及对疾病和其他有碍健康的不良应激源的抵抗能力等。从范畴讲，身体素质涵盖体能，体能是身体素质的基础，是身体素质的重要内容；反过来，体能也会影响身体素质。

在以往有关人口身体素质的研究中，对不同年龄阶段的研究对象通常采用不同评价指标进行分析。婴幼儿通常以新生儿死亡率、身高、体重等形态指标和营养情况等为主要评价内容①。对青少年的考察内容主要包括身高、体重、胸围等形态指标，脉搏、血压、肺活量等生理机能指标②，此外还考察青少年的视力不良检出率、低血红蛋白检出率、龋齿及蛔虫感染率、月经初潮（女）或首次遗精（男）年龄等健康状况指标，以及跑、跳、投等运动能力指标③。对老年人则主要以身体形态、

① 杨世箐，周炎炎．人口素质测评指标体系的构建及应用［J］．统计与决策，2016（12）：74-76.

② 张耀军，陈达，杨凡．农村青少年发展指标体系及评价方法初探［J］．人口研究，2006，30（6）：63-68.

③ 徐焰，徐荥，蒲毕文．广东省青少年学生体质健康调研［J］．体育学刊，2015，22（4）：95-98.

健康状况、生活自理能力等为主要评价内容①。

对大学生人口身体素质的研究基本上与青少年身体素质研究相同，主要考察身体形态指标、生理机能指标、运动能力指标、健康状况指标等。身体形态是指人体外部的形态特征，主要包括体形、身体姿势、营养状况及体成分等方面，通常以人体解剖学特征的自然的长度、厚度、维度、重量等及其比例关系作为评价指标。良好的身体形态表现为体形匀称、姿势正确、营养状况良好等。评价指标包括身高、坐高、体重、胸围、腰围、臀围、上臂围、皮褶厚度、体脂比重等内容。生理机能是指人体在新陈代谢作用下，各器官系统工作的能力，即机体的新陈代谢功能及各系统、器官的工作效能，是人的整体及其组成的各器官、系统所表现出的生命活动状态，最常见的衡量指标有脉搏、血压、肺活量等。运动能力是指人体各器官系统的机能通过肌肉活动所表现出来的基本活动能力。维持人体生存所必需的基本活动包括走、跑、跳、投、攀登、爬越、支撑、负重、搬运、涉水等，人体在运动中所表现出来的力量、速度、灵敏、柔韧和耐力等身体基本状态和功能能力就是身体素质。

2.3　生理生化指标与身体素质的关联研究

2.3.1　激素指标变化特征与身体素质的关系

（1）血睾酮变化特征与身体素质的关系

①睾酮概述

睾酮（Testosterone，T）是人体最重要的促合成的类固醇激素，其在体内的量和生物效能远大于其他类固醇物质，如双氢T、雄烯T、去氢表睾酮等，故睾酮常被作为雄性激素的代表。睾酮可促使蛋白质的合成及促红细胞生成素（EPO）的生成，可刺激红细胞的分化，在骨

① 姜向群，魏蒙，张文娟. 中国老年人口的健康状况及影响因素研究［J］. 人口学刊，2015，37（2）：46-56.

髓中促使红细胞新生增加、血红蛋白合成、红细胞增多，可提高运动员的最大吸氧量[①]，从而增加机体运输氧的能力。男性睾酮主要受下丘脑-垂体-性腺轴（Hypothalamic Pituitary Gonadal Axis，HPG 轴）调控，90%左右来自睾丸间质细胞，其余部分在肾上腺皮质和其他组织生成。正常成年男性每天约产生 6～24 mg 睾酮，血睾酮浓度为 10～45 nmol/L。女性由卵巢间质细胞和门细胞的肾上腺皮质网状带合成的睾酮约占总睾酮量的 25%，其余 50%主要由雄烯二酮在肝脏、脂肪、皮肤等组织转换而来。女性血睾酮水平大约是男性的 1/10[②]。唐汝安等用双生子血睾酮遗传度研究发现，男性血睾酮的遗传度在 0.8 左右，女性在 0.9 左右。

②血睾酮水平与生长发育

血睾酮水平及其变化可作为青少年不同发育阶段的特征和标志。男性胚胎 7 周后分化出睾丸，并开始分泌雄激素。据现有文献报道，男性胚胎在 3 个月时血睾酮分泌即达高峰，血睾酮值可达 40～580 ng·dL^{-1}，但出生后迅速下降，儿童期分泌极少，血睾酮值大约在 7～12 ng·dL^{-1}。11～13 岁进入青春期后分泌量大幅度递增，约 15～16 岁达到成年水平，20～30 岁为最高峰（250～1250 ng·dL^{-1}，平均 600～800 ng·dL^{-1}），40 岁以后分泌量逐渐减少。成年女性体内血睾酮的分泌量与儿童相差较小，平均为 40～50 ng·dL^{-1}[③]。

③血睾酮水平与运动机能

血睾酮对提高运动员机能水平具有十分重要的作用。在过去的奥林匹克运动会药检中，血睾酮也作为检测指标之一[④]。运动对于血睾酮水平的改善具有明显的差异性，这主要归因于运动方式的选择上。一般认

---

① 曾凡星，韦俊文. 运动对睾酮与蛋白质分解代谢的影响［J］. 中国运动医学杂志，1991，10（2）：96-99；87.

② 谢敏豪，冯炜权，等. 血睾酮与运动［J］. 体育科学，1999（2）：80-83.

③ 全治非. 雄激素的生理作用及相关因素国内研究近况［J］. 体育科学，1992（3）：66-68.

④ BERRY D A，CHASTAIN L. Inferences about testosterone abuse among athletes［J］. Chance. 2004，17（2）：5-8.

为，高强度运动或急性耐力性运动会抑制血睾酮的合成，尤其是低血睾酮现象在竞技运动员身上最为常见。在对10名健康男性进行急性高强度抗阻运动练习（深蹲、卧推、腿部推举、背阔肌下拉等共50组）后，发现血睾酮含量和游离睾酮水平均有所下降①。有研究对运动员和非运动员进行训练比较，经过一次振动训练后，运动员在2小时之内，血睾酮存在显著性变化，且恢复快；而非运动员的血睾酮明显下降，恢复慢②。对17名高水平男性运动员进行6周的高强度间歇训练（HIIT）后检测发现，总睾酮水平没有显著性的变化，而游离睾酮水平稍微有所升高③。

睾酮是男性体内主要的同化激素之一，除维持男性性功能和第二性征，维持雄性攻击意识外，对代谢也有重要作用，而且与运动能力提升、肌肉力量的增长和能源物质的恢复密切相关。

林文弢④研究认为，血睾酮水平与运动员速度、力量素质密切相关。我国运动员血睾酮的含量大都高于一般人，不同项目运动员的血睾酮有较明显的差异，力量项目运动员的血睾酮水平较高。血睾酮促进体内的合成代谢，有利于提升力量、速度训练的效果。

已有研究表明⑤，反映下肢跳跃能力的指标，如垂直跳高度、连续跳高度等与血睾酮水平呈显著正相关。通过对比三个不同运动能力组别研究发现⑥，13～18岁年龄段优秀运动员和业余体校学生的血睾酮值均高于普通中学生组，其中13～14岁时血睾酮值明显高于普通学生组。

---

① NINDL B C，et al. LH secretion and testosterone concentrations are blunted after resistance exercise in men [J]. Journal of applied physiology. 2001，91（3）：1251-1258.

② NAMENI F. Acute effects of whole-body vibration on testosterone responses in the athlete and non athlete [J]. Journal of science & medicine in sport. 2012（14）：S145.

③ HERBERT P，et al. HIIT produces increases in muscle power and free testosterone in male masters athletes [J]. Endocrine connections. 2017，6（7）：430-436.

④ 林文弢，杨亚南. 血睾酮与运动能力 [J]. 中国体育教练员，2017，25（1）：15；17.

⑤ 朱海燕，陈佩杰. 男性青少年生长发育、睾酮与运动训练 [J]. 青少年体育，2003（5）：30-31.

⑥ 邵慧秋，严政，戴秀霞. 江苏省青少年运动员血睾酮水平的调查与分析 [J]. 体育与科学，1996（3）：28-31.

并依此证实，青春期运动员血睾酮值的高低与运动能力强弱有直接关系，血睾酮值的提高对于提高儿童少年运动能力有积极的促进作用。多项研究表明①，运动员的血睾酮水平明显高于普通人。这也就提示我们，在血睾酮快速增长期进行速度、力量练习，可以更有效地促进肌肉和力量的生长，而长期体育锻炼，又会反作用于血睾酮分泌，形成相互促进的良性循环。

从以上研究可以看出，血睾酮是一个遗传度很高的生化指标，同时血睾酮与速度、力量素质密切相关，正确把握血睾酮的快速增长期，并在此阶段进行相应的力量练习，有助于青少年力量素质的发展，对提高他们的运动能力有着极大的帮助。

(2) 生长激素和胰岛素样生长因子变化特征与身体素质的关系

①生长激素和胰岛素样生长因子概述

生长激素（Growth Hormone，GH）由位于大脑颅底蝶骨鞍内的垂体分泌，准确地说，是垂体前叶嗜酸性细胞中的生长激素细胞分泌，它受与之毗邻的下丘脑产生的生长激素释放激素（Growth Hormone-Releasing Hormone，GHRH）和生长激素抑制激素［Growth Hormone-Inhibiting Hormone，GHIH，也称生长抑素（Somatostation，SS)］的调节，还受性别、年龄和昼夜节律的影响，生长激素可促进骨外膜的骨形成，同时加强骨内膜的骨吸收。

成人骨骺融合后，长骨长度不再增加，但宽度仍能增加到一定程度②。人类第 12 号染色体长臂上坐落着编码 IGF-1（Insulin-like Growth Factor-1，IGF-1）基因，分子生物学研究已经探明它含 6 个外显子，通过一系列转录、翻译、化学修饰过程后编码成为 70 个氨基酸的单链多肽，分子量约为 7.5KD，等电点为 8.4，化学结构与胰岛素近

① 罗兴华，雷桂成，黄美好，等. 青春期少儿运动员血清睾酮水平及其相关因素多元线性回归分析的研究［J］. 中国运动医学杂志，1991，10（1）：51-55.

② 谢理玲，柯江维，杨玉，等. 血清胰岛素样生长因子-1、胰岛素样生长因子结合蛋白-3 在矮小症儿童诊断和疗效判断中的价值［J］. 实用儿科临床杂志，2008，23（20）：1604-1606.

似，是一种由生长激素诱导靶细胞产生的、具有促生长作用的肽类物质。但和胰岛素不同的是，它在血液循环中仍保留相似于胰岛素C肽的那部分，并有一延长的梭基端。血液中IGF-1主要来源于肝脏，不过许多其他器官也能通过自分泌或旁分泌产生。

IGF-1水平可以反映体内GH的自主分泌状态。IGF-1在血液和各种体液中呈游离或与胰岛素样生长因子结合蛋白（Insulin-like Growth Factor Binding Protein，IGFBP）结合两种状态①。循环IGF-1只有1%左右是游离的，性质虽然不如结合状态稳定，但是只有游离分子才具有生物活性。生长激素释放激素（GHRH）及生长激素抑制激素（GHIH）都是下丘脑分泌用于调节其毗邻器官垂体前叶释放GH，后者入血后与生长激素结合蛋白（GHBP）结合运输至靶组织，然后与特异性生长激素受体（Growth Hormone Receptor，GHR）结合，刺激肝、肾和骨骼肌等组织合成分泌IGF-1，95%以上的IGF-1结合到主要由肝脏合成分泌的IGFBP-3上，将其转运至靶组织与胰岛素样生长因子受体（Insulin-like Growth Factor Receptor，IGFR）结合，激活下游信号通路，从而促进细胞DNA、RNA和蛋白质的合成，以及细胞的增殖，同时调节三大营养物质代谢，促进蛋白质的合成和抑制碳水化合物的分解利用，以及增加糖异生储备糖原，促使脂肪氧化增加产能，刺激软骨细胞增殖和加速钙化，以促进骨骼增长。

在促生长过程中，GH-IGF-1-IGFBP-3轴调节人体生长的机制就目前的研究进展，学者们提出了三种假说②：生长介素学说、双重效应学说和胰岛素样生长因子结合蛋白调控学说。综合这些假说，GH除了可以通过IGF-1发挥促生长效应，同时也可以独立于IGF-1直接促进靶器官生长。

---

① 黄丽娟，羊柳，徐星洋，等. 胰岛素生长因子-1及胰岛素因子结合蛋白-3在特发性矮小症诊断中的价值 [J]. 实用临床医药杂志，2014，18 (16)：186-187；190.

② DÁVILA N，et al. Serum growth hormone-binding proteinis decreased in prepubertal children with idiopathic short stature [J]. Journal of endocrinological investigation，1996，19 (6)：348-352.

②IGF-1 与生长发育

a. IGF-1 与胎儿期和婴儿期生长发育的关系

既往研究表明，胰岛素样生长因子（Insulin-like Growth Factors，IGFs）系统水平与人类胎儿期、婴儿期生长发育水平的关联性比较密切①②③④⑤⑥。起主要作用的物质为 IGF-1 及 IGFBP-3⑦⑧⑨⑩，表现为：一是 IGF-1 水平与胎龄、出生时的体重呈正相关⑪⑫。脐血的 IGF-1 和 IGFBP-3 水平高低与是否足月生产及出生时体重有关，妊娠足月的巨大儿脐血的 IGF-1 水平和妊娠中期、足月的巨大儿 IGFBP-3 水平均高

① 孙瑞，王鉴．不同胎龄新生儿骨代谢血清标志物及 IGF-Ⅰ检测［J］．贵阳医学院学报，2016，41（2）：170-174.

② Fan J，et al．Differential tissue regulation of insulin-like growth factor-Ⅰ content and binding proteins after endotoxin［J］．Endocrinology，1994，134（4）：1685-1692.

③ 王鉴，杨萌婷，陈晓霞，等．早产儿追赶生长与胰岛素抵抗的相关性［J］．中华实用儿科临床杂志，2015，30（8）：593-596.

④ CHATELAIN P G，et al．Multiple hormone resistance in short children born with intrauterine growth retardation?［J］．Holmone research，1998，49（S2）：20-22.

⑤ 潘革，林广，李惠玲，等．家庭早期干预对低出生体重儿血清 GH、IGF-1、IGFBP-3 浓度和体格发育的影响［J］．中国儿童保健杂志，2009，17（4）：416-418.

⑥ 李秋波，徐心坦，牛峰海．抚触对早产儿体格发育及血生长激素、胰岛素样生长因子-1 水平的影响［J］．实用诊断与治疗杂志，2008，22（6）：412-413；416.

⑦ DAI Z，et al．IGF-IEc expression，regulation and biological function in diferent tissues［J］．Growth hormone & igf research，2010，20（4）：275-281.

⑧ 于宝生，朱善良．胰岛素样生长因子结合蛋白-3 的研究［J］．国外医学（儿科学分册），1999，26（4）：188-190.

⑨ JUUL A，et al．Serum levels of insulin-like growth factor（IGF）-binding protein-3（IGFBP-3）in healthy infants，children，and adolescents：the relation to IGF-Ⅰ，IGF-Ⅱ，IGFBP-1，IGFBP-2，age，sex，body mass index，and pubertal maturation［J］．Journal clinical endocrinol & metabolism，1995，80（8）：2534-2542.

⑩ BLUM W F，et al．A specific radioim munoassay for the growth hormone（GH）-dependent somatomedin-binding protein：its use for diagnosis of GH deficiency［J］．Journal clinical endocinol & metabolism，1990，70（5）：1292-1298.

⑪ 谢理玲，柯江维，杨玉，等．血清胰岛素样因子-1、胰岛素样生长因子结合蛋白-3 在矮小症儿童诊断和疗效判断中的价值［J］．实用儿科临床杂志，2008，23（20）：1604-1606.

⑫ DÁVILA N，et al．Serum growth hormone-binding protein is decreased in prepubertal children with idiopathic short stature［J］．Journal of endocrinological investigation，1996，19（6）：348-352.

于体重正常胎儿。二是早产儿的IGF-1水平较低，出生后发育状况取决于IGF-1水平。孙瑞等[①]检测到早产儿出生1小时内的IGF-1水平仅为足月儿的60%左右。适当的医疗照顾和营养补充可帮助早产儿实现赶上生长，但在2岁内能否实现完全性赶上生长，还取决于GH-IGF-1轴的功能是否正常[②]。积极刺激（如抚触、按摩、做婴儿操等）亦能够提高婴儿血中IGF-1水平，从而促进生长发育[③④]。

b. IGFs与儿童期、青春期发育的关系

人体血清IGFs含量随着年龄增长呈现出先升后降的趋势，国内外研究结果均显示人体血清IGF-1、IGFBP-3水平在青春期时达到高峰，随后逐渐下降[⑤⑥⑦⑧]，与人类的生长发育速度相吻合。邓洁英等对我国北方大庆地区526名（男生266名，女生260名）6～16岁健康小学生和中学生进行4年连续观察，血清黄体生成素（Luteinizing Hormone，LH）在儿童期随年龄增长而上升，IGF-1和IGFBP-3水平亦有上升的趋势，且三者之间有相关关系；血清IGF-1水平的升高比LH升高早2年。邓洁英等[⑨]发现女孩在青春发育2期血清IGF-1水平明显高于

① 孙瑞，王鉴．不同胎龄新生儿骨代谢血清标志物及IGF-Ⅰ检测［J］．贵阳医学院学报，2016，41（2）：170-174.

② FAN J，et al. Differential tissue regulation of insulin-like growth factor-Ⅰ content and binding proteins after endotoxin［J］. Endocrinology，1994，134（4）：1685-1692.

③ 王鉴，杨荫婷，陈晓霞，等．早产儿追赶生长与胰岛素抵抗的相关性［J］．中华实用儿科临床杂志，2015，30（8）：593-596.

④ CHATELAIN P G，et al. Multiple hormone resistance in short children born with intrauterine growth retardation?［J］. Holmone research，1998，49（S2）：20-22.

⑤ IMOGEN R，et al. Insulin-like growth factor-Ⅰ and growth in height，leg length，and trunk length between ages 5 and 10 years［J］. Journal clinical endocrinol & metabolism，2006，91（7）：2514-2519.

⑥ 邓洁英，史轶蘩，张殿喜，等．胰岛素样生长因子Ⅰ对儿童青春发育启动的作用［J］．中华内分泌代谢杂志，2005，21（4），337-340.

⑦ 汪治华，闫晓莉，李小青，等．性早熟女童血清IGF-1、瘦素检测及其临床价值探讨［J］．中国儿童保健杂志，2011，19（9）：811-813.

⑧ 朱惠娟，潘慧，张殿喜，等．体重对儿童青少年女性青春发育的影响［J］．中国医学科学院学报，2010，32（1）：25-28.

⑨ 邓洁英，史轶蘩，张殿喜，等．胰岛素样生长因子Ⅰ对儿童青春发育启动的作用［J］．中华内分泌代谢杂志，2005，21（4），337-340.

1 期和 3 期，男孩则显示血清 LH、IGF-1 和 IGFBP-3 水平在 2 期同时升高，汪治华等①同样支持该观点。与之不同的是，朱惠娟等②对 288 名 5～16 岁青少年女生进行 4 年连续观察，除青春期开始的年龄外，并未发现血清 IGF-1 水平与青春发育情况（乳房发育年龄、月经初潮年龄）的相关性。因此，IGFs 与儿童期、青春期发育的关系亦有待更多的观察研究。

多项动物研究③④⑤⑥也肯定了 IGFs 对生长发育的重要影响作用，主要表现为：IGF-1 能有效促使体外细胞培养实验中的小鼠细胞增长繁殖，并对肌肉和骨骼的生长有促进作用。研究显示，注射外源性 IGF-1 仅 1 周后就可以使大鼠骨骼肌蛋白合成增加。影响机制为 IGF-1 与运动有明显的协同作用，能增强运动骨骼肌 mTOR 和上游信号的活性⑦。

c. IGF-1 与运动

大量的文献证实了 IGF-1 是调节肌肉生长、代谢和增强肌力的主要因素。多项研究表明 IGF-1 与肌肉蛋白质合成有关，Malmlöf 等⑧给大鼠注射地塞米松，造成负氮平衡，然后再给予重组 IGF-1 后发现，地塞

---

① 汪治华，闫晓莉，李小青，等．性早熟女童血清 IGF-1、瘦素检测及其临床价值探讨［J］．中国儿童保健杂志，2011，19（9）：811-813.

② 朱惠娟，潘慧，张殿喜，等．体重对儿童青少年女性青春发育的影响［J］．中国医学科学院学报，2010，32（1）：25-28.

③ BAKER J，et al．Role of insulin-like growth factors in embryonic and postnatal growth［J］．Cell，1993，75（1）：73-82.

④ 曾凡星，朱晗，赵华．IGF-Ⅰ对大鼠运动骨骼肌 mTOR 及上游信号的影响［J］．西安体育学院学报，2011，28（3）：331-337.

⑤ DAI Z，et al．IGF-IEc expression，regulation and biological function in different tissues［J］．Growth hormone IGF research，2010，20（4）：275-281.

⑥ SUKHO L，et al．Viral expression of insulin-like growth factor-I enhances muscle hypertrophy in resistance-trained rats［J］．Journal of applied physiology，2004，96（3）：1097-1104.

⑦ LIU J P，et al．Mice carrying null mutations of the genes encoding insulinlike growth factor-Ⅰ（IGF-Ⅰ）and type-l IGF recplor（IGF1r）［J］．Cell，1993，75（1）：65-73.

⑧ MALMLÖF K，et al．The role of insulin，insulin-like growth factor-Ⅰ and growth hormone in counteracting dexamethasone induced nitrogen wasting in rats［J］．Hormone and metabolic research，1997，29（1）：20-24.

米松造成的蛋白质合成减少、能量消耗增加及尿氮排出增多的现象可被抵抗。另有研究表明，L6 肌纤维母细胞在 IGF-1 组织培养液中 4 小时后，蛋白质合成增加近 40%[①]。早已证实肌肉负荷增加导致的骨骼肌肥大会伴随着肌肉 IGF-1mRNA 升高。Devol[②] 报道，超负荷诱导鼠比目鱼肌代偿性肥大的第二天发现，肌组织内 IGF-1mRNA 增加了 300%。Sukho[③] 将腺病毒介导的 IGF-1 基因注入大鼠肌肉中成功获得转基因大鼠，从而取得了长时间稳定的在体 IGF-1 过量表达的动物模型，发现动物肌肉重量增加，肌原纤维中总蛋白含量增加。而 IGF-1 基因敲除的小鼠，肌肉体积减小，并出现严重肌肉萎缩现象。这些对 IGF-1 进行的在体、离体和过量表达、表达不足等实验均表明：IGF-1 具有明显促进肌肉增长和肌肉蛋白含量增加的作用。

IGF-1 可以促进骨骼肌干细胞的增殖、肌细胞的分化以及融合成肌管，几乎得到学术界一致认同。Banu 等人[④]发现骨骼肌上调 IGF-1 的表达水平，会导致肌肉质量增加和皮质骨骨量增加。然而，仅有肝源性 IGF-1 的基因敲除小鼠表现出骨小梁减少[⑤]，这表明骨骼发育还可能依赖于肌肉组织分泌的 IGF-1。在骨骼肌中，IGF-1 会与 IGFBPs 结合：IGF-1 与 IGFBP-5 结合后，能够介导 PI3K/AKT 信号通路提高成骨细胞的活性；但是研究发现，血清中 IGFBP-2 的水平与骨密度（Bone

---

① BALLARD F J，et al. Binding properties and biological potencies of insulin-like growth factors in L6 myoblasts [J]. Biochemical journal，1986，233 (1)：223-230.

② DEVOL D L，et al. Activation of insulin-like growth factor gene expression during work-induced skeletal muscle growth [J]. The American journal of physiology，1990，259 (1)：89-95.

③ SUKHO L，et al. Viral expression of insulin-like growth factor-Ⅰ enhances muscle hypertrophy in resistance-trained rats [J]. Journal of applied physiology，2004，96 (3)：1097-1104.

④ BANU J，et al. Effects of increased muscle mass on bone in male mice overexpressing IGF-Ⅰ in skeletal muscles [J]. Calcifed tissue international，2003，73 (2)：196-201.

⑤ ELIS S，et al. Increased serum IGF-1 levels protect the musculoskeletal system but are associated with elevated oxidative stress markers and increased mortality independent of tissue igf1 gene expression [J]. Aging cell. 2011，10 (3)：547-550.

Mineral Density，BMD）呈负相关①。此外，通过动物实验发现，肌肉因子 IGF-1 能够以旁分泌形式直接作用于骨骼，在小鼠生长期间表现明显。并且还指出，在不发生肌肉肥大的情况下，肌肉分泌的 IGF-1 能够促进骨骼生长。因此，研究认为，IGF-1 是一种能够共同促进成骨细胞和成肌细胞（尤其是卫星细胞）增殖分化的肌肉因子②③。

已有研究表明④，反映下肢跳跃能力的指标，如垂直跳高度、连续跳高度等，在运动训练组与非运动训练组之间均存在显著性差异，并与血清 IGF-1 水平呈正相关。同时运动训练作为一种生理性应激，能促使机体功能与身体形态发生一系列适应性的变化，如肌肉的瘦体重增加（肌肉壮大、肢体围度增加）、体脂减少、骨质坚硬、心肌肥大等。动物实验证明，力量练习可使肌肉局部内 IGF-1 水平升高，认为其与肌组织增生、增厚有关⑤。还有研究表明，IGF-1 与最大摄氧量（VO_{2max}）呈明显正相关⑥。这也就提示我们，在 IGF-1 快速增长期进行速度力量练习，可以更有效地促进肌肉力量的增长，而长期体育锻炼，又会反作用于 IGF-1，形成相互促进的良性循环。

从以上研究可以看出，IGF-1 是一个评价青春期生长发育极为重要的生化指标，同时 IGF-1 与力量素质相关，正确把握 IGF-1 的快速增长期，并在此阶段开始进行相应的力量练习，有助于青少年力量素质的发展，对提高运动能力有极大的帮助。

---

① LEBRASSEUR N K，et al. Skeletal muscle mass is associated with bone geometry and microstructure and serum insulin-like growth factor binding protein-2 levels in adult women and men [J]. Journal bone & minerd research. 2012，27 (10)：2159-2169.

② TAHIMIC C G T，et al. Anabolic effects of IGF-1 signaling on the skeleton [J]. Frontiers in endocrinology (Lausanne). 2013，4 (6)：1-14.

③ TEN B R，et al. Regulatory factors and cell populations involved in skeletal muscle regeneration [J]. Journal of cellular playsiology. 2010，224 (1)：7-16.

④ 朱海燕，陈佩杰，段子才，等. 男性青少年血清 IGF-1 浓度与下肢骨骼、肌肉形态、机能发育的关系 [J]. 西安体育学院学报，2004 (4)：37-42.

⑤ YAN Z，et al. Insulin-like growth factor immunoreactivity increase in muscle after acute eccentric contractions [J]. Journal of applied physiology，1993，74 (1)：410-414.

⑥ POEHLMAN E T，et al. Influence of physical activity on insulin-like growth factor-Ⅰ in healthy younger and older Men [J]. Journal of clinical endocrinology & metabolism，1990，71 (6)：1468-1473.

2.3.2 心脏发育与身体素质的关系

心脏形态的遗传度达 82%[①]。心脏的泵血功能与其形态结构一样，也存在着快速增长期，并且与心脏形态结构的变化趋势一致[②]。儿童少年耐力水平的高低、体力的好坏与其心脏功能水平的高低有着密切的联系。同龄男女在左室舒末内径、室间隔厚度和左室后壁厚度等结构上的差异，最终会导致男女在每搏输出量、每搏量指数、每分输出量、射血分值和小轴缩短率等功能上的显著差异。

每搏输出量受左室舒张末期充盈量、心缩末期射血量两种因素的影响，并且与 VO_{2max} 呈正相关。每搏输出量的大小，是评价人体循环系统效率高低的重要指标。因此每搏输出量的增加就意味着人体有氧工作能力的相应增强。现有研究表明[③]，每搏输出量与青少年体质状况和耐力素质密切相关，每搏输出量又可间接反映青少年的体质状况和耐力素质。因此，提高运动员的每搏输出量，对提高其运动水平、增强耐力、改善体能起关键性的作用。张新生等[④]对 20 名少年游泳运动员静息时进行超声心动图检测，结果发现少年游泳运动员的左室舒末内径、左室心肌厚度、右室流出道及左室每搏输出量均显著大于同性别同年龄对照组；左室单位心肌射血量低于对照组，进一步分析发现左室每搏输出量与运动成绩关系密切。常趾麟等[⑤]通过超声心动图实验证实，运动负荷量达到 120 次/分时，是锻炼的有效价值临界值，因为这时候的每搏输出量已接近最大。运动负荷量高于 120 次/分时，每搏输出量继续增加，低于 120 次/分时，因心脏出现惰性，每搏输出量急剧下降；运动负荷量达到 130 次/分时，每搏输出量达到最大；运动负荷量达到 140～150

---

① 曾凡辉，王路德，邢文华. 运动员科学选材 [M]. 北京：人民体育出版社，1992：19-22.

② 张瑛秋. 青春发育突增期（高峰年龄）不同发育类型学生体质特征及健康促进 [D]. 北京：北京体育大学，2002.

③ 张英根，李承道，王满福. 320 名大学生心功能与其形态、机能、素质相关分析的研究 [J]. 体育科学，1995 (5)：79.

④ 张新生，刘爱民，张迥，等. 超声心动图对少年游泳运动员心脏结构和左心功能的探讨 [J]. 温州医学院学报，1983 (2)：44-47.

⑤ 常趾麟，张庆芳，吴国秀. 少年儿童运动量及其价值的探讨 [J]. 山西大学学报（自然科学版），1983 (4)：86-93；71.

次/分时，每搏输出量出现缓慢下降现象。

此外，不同的运动周期、运动强度等对心脏有着不同的影响。对大鼠进行急性末次运动训练的研究表明，不同运动时间均会导致心肌细胞发生缺血损伤性ST-T变化，心肌细胞缺血会出现即刻性、延迟性的特征①。耐力训练在一定程度上会增强心肌吸收和氧化乳酸的能力，也会导致心肌乳酸下降，使血乳酸水平明显下降，最终使心肌吸收乳酸减少，这些适应性变化是心脏对运动刺激所做出的反应。研究报道对大鼠进行4周游泳运动训练，结果发现运动训练导致了大鼠运动性心肌肥大，而且心肌mTOR显著性增加②。这说明进行长期的运动训练能够提高心肌功能，减少心脏发病的概率。这些变化能够增强心肌能量代谢水平，说明有氧运动能够使大鼠心肌发生良好的运动适应性变化③。研究报道对大鼠进行10周中低强度的游泳运动，发现大鼠的心肌糖原储量明显增加④。我们可以发现，不同的运动强度与周期对心脏有着不同的影响，所以要合理地安排运动训练，充分发挥运动对机体的积极作用。

刘洪珍等⑤研究认为，青春期少年的心脏对运动刺激有着较高的敏感性和机能可塑性。乔志源等⑥用超声心动图的方法对少年足球运动员心脏的形态结构、功能状态和身体发育基本指标进行观察和研究发现，足球运动训练对少年儿童的心肌影响主要表现为左心室腔扩大和泵血功能增强，同时足球比赛的成绩与左心室形态结构和功能状态有较密切的关系，特别是队员的左室泵血功能、左室舒末容积和左室心肌重量等指

① 许玲，邓树勋．运动性心肌肥大的机理研究［J］．体育科技，2006，11（4）：3-8.

② 李迎涛．运动员心脏与病理性心脏的比较研究［J］．科技信息，2012（14）：257.

③ SALMINEN A，VIHKO V．Autophagic response to strenuous exercise in mouse skeletal muscle fibers［J］．Virchows Archiv B，1984，45（1）：97-106.

④ 马继政，孙飙，吕远远．IGF-PI3K-Akt信号通路在生理性心肌肥大的作用研究进展［J］．南京体育学院学报（自然科学版），2007，6（3）：6-10.

⑤ 刘洪珍，傅静波．青春期少年心机能可塑性的研究［J］．体育学刊，1996（1）：24-26；125-126.

⑥ 乔志源，王安利．201例优秀少年足球运动员左心室功能的超声心动图分析［J］．中国运动医学杂志，1984（4）：218-224.

标较高的球队，比赛成绩亦较好。郑人凤[①]为探讨少年运动员进行长期高强度运动训练对其心脏发育的影响，对不同年龄的少年游泳和体操运动员的超声心动图进行了观察和研究。结果表明，10～15 岁的少年运动员的心脏适应性反应不同于成年专业运动员，年龄组越小表现越突出。16～18 岁的少年运动员的心脏特点与成年专业运动员基本一致。黄元汛等[②]通过对青少年运动员超声心动图检查，发现青少年运动员经过训练后，心脏发生形态上的改变，其变化以室壁增厚、心室增大，左心室重量增加为主。曾凡弟等[③]应用超声心动技术观测了 94 名经系统体育锻炼的青少年和 96 名一般青少年静息时的左心形态与功能。结果表明，心脏的增长发育表现为左室腔径的增大先于室壁厚度的增加。长期坚持系统体育锻炼可使心脏左室心肌增重更明显，同时心力储备增加，心脏功能增强。

在对部分肥胖问题的研究中，华琦等[④]发现，肥胖学龄儿童较体重正常学龄儿童在成长为青少年后，BMI 及血压明显增高，左室壁增厚，左室心肌质量增加，因此，儿童期单纯肥胖症是成年后心血管疾病的潜在危险因素。

从以上研究可以看出，心脏发育情况是评价循环系统的重要指标，也是评价机体有氧工作能力的重要指标，正确把握心脏的快速增长期，并在此阶段进行相应的耐力练习，有助于青少年耐力素质的发展，对提高青少年运动能力有着极大的帮助。

2.3.3 脑神经发育特征研究

脑电图[⑤]（Electroencephalogram，EEG）是从颅外头皮或颅内记录到的局部神经元电活动的总称，可从时间和空间序列反映神经元网络

---

① 郑人凤．长期大运动量训练与青春期心脏发育的研究［J］．体育科学，1987（4）：54-57.

② 黄元汛，任建生，等．青少年运动员超声心动图特征的研究［J］．江汉大学学报，1994，11（6）：91-92；90.

③ 曾凡弟，王步标．体育锻炼对青少年左心形态功能的影响［J］．湖南师范大学自然科学学报，1989，12（2）：184-188.

④ 华琦，刘朝晖，等．青少年营养转型期体重指数与血压、血脂、血糖、心脏结构及功能相关关系的队列研究［J］．中华流行病学杂志，2006，27（8）：655-658.

⑤ 刘晓燕．临床脑电图学［M］．北京：人民卫生出版社，2006：3-10.

的电活动状态。

脑电活动的产生主要来自突触后电位。此外，某些神经元的内源性暴发电位和神经元之间的缝隙连接（电突触）也构成脑电活动中的某些成分。但动作电位在轴突中的传导对皮层表面记录到的脑电活动可能不起什么作用，因为动作电位沿着很多不同的走行方向的轴突传导，且在时间上也不同步，造成电位在时间和极性上相互抵消，故对脑表面某一个电极的实际影响近乎为零。

目前认为从皮层或头皮表面记录到的脑电活动主要来自皮层锥体细胞顶树突的突触后电位。这些顶树突垂直于皮层表面，排列整齐而紧密，有利于电活动在时间和空间上的整合。此外，树突表面膜的面积占锥体细胞膜总面积的 97%，具有很高的电兴奋性。一个锥体细胞或一个垂直柱状结构的电活动相对于周围其他细胞所产生的电位变化在细胞外空间形成一个局部电场。当一大组神经元共同活动时，形成一个足够大的场电位，则可从头皮记录到这种电位的宏观变化。但由于颅骨和头皮等组织的衰减作用，从头皮记录到的电位只有皮层表面电位的 1/10～1/5 左右。从某一皮层或头皮表面电极记录到的脑电波形、频率和位相，反映的是记录电极下面许多神经元突触后电位的净得效应。

（1）脑电应用研究进展

儿童脑电图是脑电波的客观体现，儿童大脑皮层的结构与功能随年龄的增长不断发育完善，因此推断其脑电活动的发育也具有一定的特征和趋势。正常儿童大脑不同发育成熟过程的脑电图特征已得到公认，6～14 岁学龄期儿童脑电图的主要特点为：频率由慢逐渐变快，从不稳定到稳定。研究显示①，脑电功率谱最突出的改变发生在生命的前 20 年，与脑的成熟度有关，随着年龄的增大表现为 EEG 幅度的普遍下降，α 频率与 θ 频率等慢波活动减少，β 频率快波活动增加。黄华品等②对不同年龄组健康受试者的研究发现，7～14 岁与 15～20 岁时人体 θ

① ANOKHIN A P, et al. Age increases brain complexity [J]. Electroencephalography and clinical neurophysiology, 1996, 99 (1): 63-68.

② 黄华品，陈清棠，郑安. 脑电图功率谱和近似熵在人脑发育过程的研究 [J]. 卒中与神经疾病，2000，7 (1)：4-6.

波脑电相对功率呈降低趋势，α波呈升高趋势，β波稍有增高，但7～14岁时各波相对功率维持在相对稳定的水平。

刘世熠[①]研究也证明了儿童大脑的发展有其严格的程序性，它的发展基本上是逐渐的与连续的，但不是等速的与直线的。大约在4～20岁这个年龄阶段中存在两个显著加速的时期：一个是5～6岁，一个是13～14岁。这两个显著加速的时期使儿童的脑的发展在一定程度上呈现出“断续”或“飞跃”。

4～20岁儿童和少年大脑的发展主要是α波逐渐代替β波，直至α波在除额叶以外的几乎整个皮质占主要位置为止。β波逐渐被α波取代的过程对于儿童的脑的枕叶、颞叶与顶叶各区来说是一致的，但发展的先后则因不同的区而不同。先从枕叶开始，然后逐渐向脑的前部与两侧发展和延伸。第一个显著加速的时期标志着此时枕叶α波与θ波的“斗争”最剧烈，第二个显著加速的时期标志着除额叶以外几乎整个皮质的α波与θ波之间的“斗争”基本结束。进一步分析4～20岁儿童和少年的脑的α波变迁发现，总的趋势是α波的频率逐渐增加，而振幅则逐渐降低，“重脉搏”或“复脉搏”现象逐渐减少，而“整步性”日益增加。由此可以判断，“重脉搏”或“复脉搏”现象的逐渐减少无疑是儿童脑成熟的重要标志之一。[“重脉搏”是指一个波与另一个波成1∶1关系的振幅交替，“复脉搏”是指一个波与其他波成1∶2到1∶5（或更多）关系的振幅交替。]

若以儿童的脑皮质细胞的电活动频率基本上达到α波范围与θ波基本消失作为成熟的指标，则儿童的枕叶到9岁基本成熟，颞叶到11岁基本成熟，而全皮质（指枕叶、颞叶与顶叶）则到13岁才基本成熟。因此，研究表明了我国儿童脑的发展在13～14岁可能有一个显著加速时期，在一定程度上呈现出“飞跃”或“断续”，从而达到基本成熟。

刘世熠与邬勤娥[②]在此基础上，通过对910名8～20岁儿童青少年的测试表明，8～20岁儿童、青少年脑的θ波的消失有严格的规律：枕

---

① 刘世熠. 我国儿童的脑发展的年龄特征问题［J］. 心理学报，1962（2）：89-97.

② 刘世熠，邬勤娥. 8岁至20岁儿童与青少年脑电图的研究［J］. 心理学报，1962（3）：173-183.

叶消失最早，颞叶次之，顶叶更次之。同时，重脉搏与复脉搏是和儿童脑的发展历程与成熟特别有关的规律性现象。此现象随年龄的增加而减少。同时发现 8～16 岁年龄阶段似乎是皮质细胞的可塑性最高的时期。

沃建中等人[①②]对 6～12 岁儿童脑电 α 波的发展特点进行了研究，随年龄增长，发现儿童 8Hz 和 9Hz 脑电波成分在 α 波中所占比率逐渐降低；儿童 10Hz 脑电波成分在 α 波中所占比率的变化起伏较大，在总体上呈上升趋势；11Hz 脑电波成分在 α 波中所占比率逐渐增高；12Hz 和 13Hz 的比率变化不大，呈微弱的上升趋势。

同时，沃建中等[③]对 13～18 岁青少年脑电 α 波的发展特点进行研究发现：随年龄的增长，α 波不同频率成分的变化幅度不大；平均频率（$\overline{f}$）的年龄变化不明显，基本保持在 10Hz 左右，但女生的平均频率高于男生；青少年 α 波的优势成分不随年龄变化而变化，13～18 岁的主导成分均为 10Hz 的 α 波；不同频率的 α 波在各脑区的分布均存在显著差异（$p<0.05$），α 波的 $\overline{f}$ 分布特点为从额叶到枕叶逐渐增大；不同频率脑电 α 波的比率 R 的分布表现出不同的左右不对称性，α 波的 $\overline{f}$ 表现出明显的左脑优势。

随着研究的不断深入，脑电研究不再仅仅停留在病理与年龄发展阶段不同特征上，而是深入脑电不同波形与其智力、性格的关系等问题，庞启明等[④]在探讨不同年龄段正常儿童脑电 α 波形特点与其智力、性格之间的关系发现，α 波规则程度反映儿童大脑发育成熟程度，与智力有明显相关性，但只是反映大脑整体的成熟，与具体脑功能发育无关。同时 α 波相对功率值、近似熵值随儿童年龄增加而进行性增大，说明 α 波可反映大脑成熟程度及复杂性。α 波相对功率值、近似熵值与性格存在

---

① 沃建中，林崇德，曹河圻，等. 6～12 岁儿童脑波功率涨落特点与信息加工速度的关系[J]. 北京师范大学学报（自然科学版），2001，37（1）：118-125.

② GRATTON G，et al. Functional correlates of a three-component spatial model of the alpha rhythm [J]. Brain research，1992，582（1）：159.

③ 沃建中，林崇德，潘昱. 13～18 岁青少年脑电 α 波的发展特点 [J]. 北京师范大学学报（自然科学版），2001，37（6）：825-831.

④ 庞启明，张宝华，李雁翎，等. 7～15 岁正常儿童脑电 α 波形与智力、性格的关系研究[C]. 中华医学会第五次全国儿科中青年学术交流大会，2008.

密切关系，性格越成熟、情绪越稳定、办事越沉稳的儿童，α 波越成熟、越规则。

自 20 世纪 80 年代以来，多种非线性分析方法被引入生物电信号的分析，范维等[①]应用非线性分析方法，得出在清醒闭眼状态下各脑区脑电复杂度与年龄均呈正相关的结论。

脑电研究不仅对正常儿童脑发育有重要作用，而且对发育异常的儿童也有巨大的辅助判断作用。Byring 等[②]对比了存在拼写困难的儿童与正常儿童的脑电图，发现存在拼写困难的儿童顶枕裂处（尤其在左脑）的 α 波功率下降，且存在拼写困难的儿童左右两半球颞区与顶枕裂处 α 波的功率比，比正常儿童明显偏高。Obrist[③] 分析了正常老年人 EEG 的特点，发现主要为 α 波节律变慢，电压趋向降低，α 波指数减少。Ono 等[④]研究也得出相似结论。宋佳等[⑤]将正常儿童与注意缺陷多动障碍（Attention Deficit and Hyperactivity Disorder，ADHD）儿童进行对比研究发现，6～11 岁正常儿童脑电 θ 波相对功率、α 波相对功率、β 波相对功率、θ/β 比值、θ/α 比值和 θ/SMR 比值相关，均有统计学意义，说明 θ 波、α 波、β 波之间是相互影响的，符合脑电活动规律，提示在应用脑电生物反馈训练 ADHD 儿童的过程中，单独训练 θ 波可以对其他相关脑电波产生影响，从而集中儿童的注意力；而 θ%和 SMR%之间相关，无统计学意义，提示应分别训练 θ 波和 SMR 波，从而矫正儿童注意力不集中的问题和多动症状。

---

① 范维，刘晓燕. 不同年龄及状态下儿童脑电复杂度的特征 [J]. 北京大学学报（医学版），2003，35 (5)：462-465.

② BYRING R F，et al. EEG in children with spelling disabilities [J]. Electroencephalography and clinical neurophysiology，1991，79 (4)：247.

③ OBRIST W D. The electroence phalogram of normal aged adults [J]. Electroence phalography & clinical neurophysiology，1954 (6)：235-244.

④ ONO K，et al. EEG correlation with intelligence test performance in senescence：a new pattern discriminative approach [J]. International journal of Neuroscience，1982，16 (1)：47-52.

⑤ 宋佳，吕莹，王佳，等. 哈尔滨市 6～11 岁儿童脑电相对功率特征分析 [J]. 中国学校卫生，2013 (5)：585-587.

（2）脑电图在体育运动领域的研究

应用 EEG 研究运动员的高级神经活动是从 20 世纪 50 年代初期开始的[①]。苏联在运动员形成运动技能各阶段、运动疲劳时以及划船运动员在出现极点时等 EEG 变化方面进行了大量研究。我国对运动员 EEG 的研究是从 20 世纪 50 年代后期开始的，其主要研究方向为：

①心理状态脑电图特征的研究。如张振民等（1980）有关自行车运动员“动作回忆”对脑电波的影响研究；张振民等[②]（2002）对 13 名乒乓球世界冠军运动员的大脑生物电活动跟踪监测；魏高峡等[③]（2005）对 20 名游泳健将级运动员在比赛前后的脑功能状态追踪研究；周未艾等[④]（2004）对我国不同性别的优秀跳水运动员神经机能研究等。

马珮冬等[⑤]（2019）研究发现，儿童青少年脑发育成熟过程中 δ 波、θ 波、α 波、β 波呈现出与年龄的相关性，年龄较小阶段 δ 波、θ 波相对功率较大，随着年龄的增长、脑发育的不断成熟，出现 δ 波、θ 波减少和 α 波、β 波增多现象。且 α 波与儿童智力呈正相关，情绪稳定、思维活跃的人的 α 波占比更高。通过不同运动项目对 10～11 岁儿童神经发育的影响研究表明，不同特色体育项目对 10～11 岁儿童频率波相对功率的影响不同，且 α 波相对功率由高到低的运动项目排序为网球、太极操、毽球、足球、田径，即技战术隔网对抗性项目和技能主导稳定型项目有助于 α 波相对功率的增大，利于儿童青少年向情绪稳定、思维活跃型性格发展；团体球类项目利于儿童青少年向思维活跃且创造力强的方向发展。

---

① 杨建平. 我国体育运动领域中脑电图研究现状的综述［J］. 山西体育科技，2008，28（4）：36-38.

② 张振民，周未艾，蔡振华，等. 中国乒乓球世界冠军运动员脑功能特征研究［J］. 中国运动医学杂志，2002，21（5）：452-457.

③ 魏高峡，梁承谋，李佑发，等. 优秀游泳运动员赛前心理状态的脑功能特征研究［J］. 体育科学，2005，25（10）：41-46.

④ 周未艾，陈长庚，张振民，等. 中国优秀跳水运动员大脑机能监控研究［J］. 中国运动医学杂志，2004，23（6）：649-653.

⑤ 马珮冬，周越. 不同运动项目对 10～11 岁儿童神经发育的影响［C］. 第十一届全国体育科学大会论文摘要汇编，2019：3432-3433.

②运动负荷时脑电图变化的研究。如姚士硕等[①]（1981）对静力性负荷时的研究。肖章艳[②]（2020）研究发现，有氧运动对情绪调节具有显著的正面影响。急性有氧运动实验中，运动组的前额不对称性在急性有氧运动后相对于前测数据有明显增加，而对照组对比前测数据没有明显增加。长期有氧运动实验中，长期有氧运动习惯组的情绪识别率均高于无运动习惯组，且长期有氧运动习惯组的情绪感知能力显著高于无运动习惯组，因此认为长期有氧运动有利于提升情绪调节能力。

在针对不同人群的训练研究中，刘宗涵等[③]（2019）通过研究不同项目对青少年脑发育影响发现，慢波仍是7～8岁儿童的优势波且相对功率值随年龄增长明显降低，快波相对功率值随年龄增长表现出较小的上升趋势。特色太极拳对7～8岁儿童α波影响及脑发育有着更好的作用，特色田径和足球等项目对儿童β波的影响更大，因此他们认为，良好、适宜的运动有助于儿童脑部的发育与成熟。

夏琪[④]（2014）在运动训练对大学生脑电复杂度的影响研究中认为，在静息、运动想象、视觉想象和完成心算任务时，专业运动训练组大学生的脑电复杂度要低于普通大学生，表明经过长期的运动训练，大学生的大脑结构更为“简洁”，神经效率更高。卜庆乐等[⑤]（2020）通过对老年人脑电和平衡能力进行运动干预研究发现，运动干预12周后，被试者在受刺激状态下，其大脑中央区和枕叶区α波、β波、θ波、δ波的功率值均具有显著性差异（$p<0.05$）。反应时，下肢肌力和Berg平衡量表的总得分也具有显著性差异（$p<0.05$）。表明，运动干预能够改善老年人的脑功能和平衡能力，降低老年人跌倒风险。

---

① 姚士硕，等．100例不同训练水平大学生安静时、负荷时及疲劳时的脑电图分析对比［C］．中国运动医学学术会议论文汇编，1981：32-33.

② 肖章艳．有氧运动对情绪调节的脑电研究［D］．重庆：西南大学，2020.

③ 刘宗涵，周越．不同特色体育活动对7—8岁儿童脑电波影响［C］．2019中国生理学会运动生理学专业委员会会议暨“运动与慢性病防控”学术研讨会论文集，2019：155-156.

④ 夏琪．运动训练对大学生脑电复杂度的影响研究［D］．南京：南京师范大学，2014.

⑤ 卜庆乐，张薇．运动干预对老年人脑电和平衡能力的影响研究［J］．当代体育科技，2020，10（20）：16-17；20.

在竞技体育运动研究中，何洋[①]（2008）利用脑电图、脑电地形图、脑象图、脑波超慢涨落等技术，在对国家队、各省市射箭队不同等级运动员长期跟踪对比分析时发现，健将组运动员大脑神经系统调节状态最佳，神经调控能力强，对冬训后期训练负荷适应能力强。通过脑电图监测指标与人体平衡能力分析发现，运动员表象竞赛时大脑顶区左右波差值与人体平衡能力存在相关关系，国际健将组运动员大脑顶区波差值优于其他组，因此大脑顶区波差值能客观地反映个体大脑的生理成熟过程，可以将其作为衡量大脑发育和成熟程度的主要指标。

③过度训练后脑电图变化的研究。如翁庆章[②]（1985）、张树栋[③]（1974）对过度训练运动员与健康运动员的脑电图进行对照分析。

于慧琳等[④]（2019）通过研究健康成年男子蹬骑自行车至力竭时脑电信号特征发现，在运动疲劳后随着恢复时间的增加，30 秒力竭后的脑电信号恢复比递增负荷运动后脑电信号恢复慢，表现为认知水平受到影响，反应时增加，且 30 秒高强度运动后反应时增加的程度更高。说明 30 秒高强度运动至力竭比递增负荷长时间力竭疲劳恢复更困难。

李婷婷等[⑤⑥]通过对脑电在体育领域的综述研究发现，脑电图能较为直接、客观地检查出运动性疲劳、运动性脑损伤，可以为科学安排运动员训练提供评价依据。如当运动员的运动负荷过大，达到疲劳状态时，脑电图 α 波减少，θ 波增加，δ、θ 频段功率增高而 α 频段功率下

① 何洋．我国优秀射箭运动员脑电特征的研究［D］．太原：山西大学，2008.

② 翁庆章．过度训练综合症运动员的脑电图［C］．国家体委体育科学研究所论文选集（第二辑），1985：187-192.

③ 张树栋．运动员过度训练综合症的脑电图［J］．体育科技资料，1974（18）：42-52.

④ 于慧琳，袁维帅，郭峰．健康成年男子蹬骑自行车至力竭时脑电信号特征分析［C］．2019 中国生理学会学术年会暨张锡钧基金第十五届全国青年优秀生理学学术论文交流会及第十三届全国青年生理学工作者学术会议论文摘要，2019：213-214.

⑤ 李婷婷，苏艳红．脑电图在体育运动领域研究进展［C］．2019 中国生理学会学术年会暨张锡钧基金第十五届全国青年优秀生理学学术论文交流会及第十三届全国青年生理学工作者学术会议论文摘要，2019：378-379.

⑥ 李婷婷，苏艳红．体育运动训练对运动员脑电图的影响研究［J］．青少年体育，2020（7）：41-42；46.

降，由此可以辅助运动员选取合适的训练负荷量，科学制订训练计划。

④运动员脑电图选材的研究。如吕雅君等[①]（2001）通过研究脑象图在不同专项、不同水平运动员之间的差异及与运动员智商的相关关系研究；何洋等[②]（2007）采用神经电生理学与运动心理学相结合的方法，对国家射箭队运动员冬训期脑电地形图进行比较研究；周北云等[③]（2005）应用脑电复合谱的脑电 α 波竞争分析技术，对不同性别、级别举重运动员的脑电 α 波进行测试。

综合来看，我国现有脑电研究主要通过脑电图（EEG）、脑电地形图（BEAM）、脑象图（EEQG）、脑涨落图（SET）等技术，从不同角度、不同层面了解运动员的大脑功能特征，并在运动员科学选材、头部损伤诊断和机能综合评定方面起到了积极的作用。

但裴新贞[④]（2020）从项群分布的视角分类研究发现，国内对技能主导类项目的脑电研究明显多于体能主导类项目，特别是在体能主导类项目中对速度和耐力性项目的区分研究较少；相对田径、游泳、自行车等体能主导类项目，国内对赛艇、皮划艇、激流回旋等水上项目的脑电研究几乎没有；在技能主导类项目中，国内脑电研究最多的是对抗隔网性项目和表现准确性项目，其中以乒乓球、网球、射箭和射击项目的脑电研究最多，较少或还未涉及脑电研究的项目主要为对抗同场性的手球、冰球、水球、曲棍球等和表现唯美性的花样游泳等。

从研究对象来看，国内多数脑电研究围绕优秀运动员开展分析，或利用专家—新手范式进行 ERP 研究，较少涉及青少年运动员或介于专业与新手之间的业余运动员的。

---

① 吕雅君，马启伟，李安格，等. 运动员脑象图与智力 IQ 的相关研究［J］. 天津体育学院学报，2001，16（4）：20-22.

② 何洋，王霆，石岩. 我国优秀射箭运动员脑功能特征研究［J］. 成都体育学院学报，2007，33（2）：73-77.

③ 周北云，李捷，罗智. 脑电活动类型对优秀举重运动员选材评估的价值［J］. 中国临床康复，2005，36（9）：102-105.

④ 裴新贞. 国内脑电及其分析技术在不同项群竞技项目中的应用研究进展［J］. 体育科研，2020，41（5）：71-82；98.

与此同时，近年来随着脑电分析技术的不断发展，国外关于脑电波振荡耦合①②、脑电功能连接（含无向和有向功能连接）③④、脑电溯源⑤⑥等方面的研究越来越多，但国内体育领域除射击、乒乓球等部分项目已涉及脑电功能连接研究外，绝大多数运动项目还尚未涉及，也说明我国目前关于脑电研究的欠缺。

通过以上综述发现，脑电研究领域已经十分广泛，对处于大脑迅速发育和成熟时期的儿童、青少年的脑波特点则很少涉及。虽然国内学者早在 20 世纪 60 年代就对 8～20 岁的正常儿童青少年的脑电图进行过研究⑦，但是，随着经济的发展、生活水平的提高，儿童青少年大脑发育、成熟的速度有可能发生了变化。并且在很长一段时期内，国内仍缺乏对儿童青少年脑波发展特点的验证性研究。同时，现有实证研究因为条件限制，样本量相对较少，有些研究仅有几例或十几例，缺乏性别分层，针对儿童青少年大面积的、连续年龄段的研究很少，所以本课题的研究正是对前人研究的一个有力补充。

---

① MORITZ K, et al. Theta-gamma coupling during episodic retrieval in the human EEG [J]. Brain research, 2014 (6): 57-68.

② PAUL S, et al. Does cross-frequency phase coupling of oscillatory brain activity contribute to a better understanding of visual working memory? [J]. British journal of psychology, 2019, 110 (2): 245-255.

③ SEBASTIAN W, et al. Motor skill failure or flow-experience? Functional brain asymmetry and brain connectivity in elite and amateur table tennis players [J]. Biological psychology, 2015, 105: 95-105.

④ MORADI Z, et al. Changes in intrinsic functional connectivity and group relevant salience: the case of sport rivalry [J]. Behavioural brain research, 2017, 322: 126-135.

⑤ JUSTEN C, HERBERT C. The spatio-temporal dynamics of deviance and target detection in the passive and active auditory oddball paradigm: a sLORETAL study [J]. Bmc neuroscience, 2018, 19: 1-18.

⑥ YAZICI M, et al. A comprehensive sLORETA study on the contribution of cortical somatomotor regions to motor Imagery [J]. Brain science, 2019, 9 (12): 372.

⑦ 刘世熠，邬勤娥. 8 岁至 20 岁儿童与青少年脑电图的研究 [J]. 心理学报，1962 (3): 173-185.

2.4 身体素质敏感期研究

2.4.1 起源

“敏感期”一词首先是荷兰生物学家德·弗里在19世纪研究动物成长时使用的。意大利幼儿教育家玛利娅·蒙台梭利在长期与儿童的相处中发现儿童的成长也会出现同样的现象，因而提出了敏感期的原理，并将它运用在幼儿教育上。随着体育运动的蓬勃发展，敏感期渐渐与少年身体素质的发展训练联系到了一起。苏联学者将敏感期称为“Sensitive Period”或“Critical Period”（关键期），并将青少年在生长发育中身体素质发展快速的阶段定义为身体素质发展敏感期①。欧美学者将敏感期称为某项素质的“加速适应窗口”(Window of Accelerated Adaptation)，即在这个年龄段青少年的生长速度是最快的②，这是敏感期常见的称谓，也有一部分学者将其称为“机会之窗”（Windows of Opportunity)③。在国内可查询的文献中，杨汀南④（1980）第一次提出“敏感期”一词并将其定义为：“在身体素质的增长阶段里，增长速度是不均等的，我们把增长阶段中增长速度特别快的年龄时期叫身体素质增长的敏感期，而其他时期则叫非敏感期。”国内体育院校的通用教材《运动生理学》⑤将“敏感期”定义为：“在不同的年龄段，各项素质增长的速度不同。把身体素质增长快的年龄阶段叫作增长敏感期。”邓树勋等⑥所著《运动生理学》教材则将其称为“快速增长期”或“敏感期”。

---

① LOKO J，SIKKUT T，AULE R. Sensitive periods in physical development [D]. Estonia：University of Tartu，Estonia，1994.

② BALYI I，HAMILTON A. Long-term athlete development：trainability in childhood and adolescence windows of opportunity optimal trainability [J]. Olympic coach，2004，16 (1)：4-9.

③ BOMPA，T. From childhood to champion athlete [M]. West Sedona，AZ：Veritas Publishing，1995.

④ 杨汀南. 对湖北省青少年和儿童身体素质发展情况的调查分析 [J]. 武汉体育学院学报，1980 (3)：9-18.

⑤ 王瑞元. 运动生理学 [M]. 北京：人民体育出版社，2002.

⑥ 邓树勋，洪泰田，曹志发. 运动生理学 [M]. 北京：高等教育出版社，1999：444-445.

2.4.2 身体素质敏感期判定研究

一般认为[①]，身体素质发展敏感期是指某种运动素质在儿童、少年时期有机体自然生长发育的基础上，在某些特定年龄阶段发展得较快的时期。身体素质发展敏感期的准确判读对于体育教学与训练内容安排、效果提升具有重大意义。因此，研究和认识人体诸因素内在联系的规律，寻找身体素质发展增长最快、对外界环境所施予的影响反应最敏感的年龄阶段，就成了世界各国体育、教育工作者关注的热点。

对于儿童青少年协调体系的构建，周曙[②]针对 14～17 岁学生研究认为，运动协调能力是以身体形态机能、运动时空判断、肢体参与等构成的一个相互联系的多层次系统。而对于足球训练，曾桂生等[③]认为协调性训练的失位与错位是我国青少年足球训练中存在种种弊端的重要原因之一。

在构建协调理论的基础上，部分实验性研究也在同步进行。侯斌等[④]通过测试研究表明，儿童青少年时期动作协调性发育具有一定的年龄特点：7～13 岁向对称协调转变。9～13 岁，在完成最大速度的动作时，完全由对称交叉反射协调关系取代；13 岁以前，两腿交替动作的速度达到最大值。总之，我国儿童青少年协调能力研究领域正在向理论研究、测量与评价标准的建立，以及训练方法三个层面深入展开[⑤]。

刘国利[⑥]有关灵敏素质的研究认为，6～14 岁是发展灵敏素质的最佳时期，11～13 岁灵敏素质训练效果增长最为显著。柴娇等[⑦]采取六角反应球抓球测试方法，表明男女生的灵敏性存在性别差异。7～12 岁男

---

① 朱静华，丛林，李广见．如何抓好速度素质敏感期的训练［J］．田径，2007（4）：14-15.

② 周曙．青少年运动协调能力评价指标体系研究［D］．大连：辽宁师范大学，2008.

③ 曾桂生，龚波．协调性在我国青少年足球训练中失位与错位现象分析［J］．武汉体育学院学报，2006，40（11）：82-84.

④ 侯斌，于新．对儿童少年下肢活动协调能力的动态研究［J］．华中师范大学学报（自然科学版），2003，37（4）：580-582.

⑤ 陆清．关于少年儿童动作协调能力的研究综述［J］．体育科研，2005，26（2）：73-77.

⑥ 刘国利．对青少年篮球运动员灵敏素质训练的思考［J］．文体用品与科技，2013（16）：192-193.

⑦ 柴娇，杨铁黎，姜山．开放情境下 7～12 岁儿童动作灵敏性发展的研究——六角反应球抓球测试［J］．山东体育学院学报，2011（9）：60-65.

生与女生灵敏性随年龄增长而逐渐变化，男生灵敏性最佳年龄是11岁，女生则是10岁。同时还表明，青少年田径运动员关节灵活性与运动能力呈正比，髋关节的灵活性随着年龄增长呈波浪形曲线变化①。

从以上可看出，运动素质敏感期从概念、运动素质的评价标准、部分素质的敏感年龄段等都有一定程度的研究。但我们发现，对于运动能力的研究，集中在外部变化的规律性和对比性，涉及对运动能力起主导作用的内在机理的研究却相对匮乏，相对削弱了研究的科学价值及研究成果的指导意义。当前国外研究已经从肌肉本身深入到对肌肉发育有较大影响的神经系统的发育，认为肌肉的发展程度和能力范围依赖于神经系统的成熟程度，这就为从运动素质敏感期表象研究深入到机理研究提供了思路和经验。

通过以上综述可以发现，对比国外敏感期界定标准的一致性，国内敏感期的界定标准尚不统一。而标准不同，必然导致“身体素质敏感期”界定结果出现多种解释。在一定程度上说明国内学者对身体素质敏感期内涵、理论基础等研究尚不够深入，许多研究都是零散的，难以形成全面、客观、科学的成果。未来研究应在国际大背景下，明确敏感期的界定标准，国内外研究成果方能具有可比性，才能有据可循。同时身体素质敏感期是儿童青少年生长过程中一段特殊的时期，生理特征（身体形态、体成分等）的变化只是其外在表现形式，还受心理、遗传、环境等因素的影响。近年来分子遗传学通过孪生子分析、过继亲属分析、同胞兄妹分析、父子母子分析等研究，揭示了遗传对人类的健康和体能有重要影响②③④。因此，未来身体素质敏感期研究应考虑从单一因素研究范式向多视角综合性研究范式转变。

---

① 张铁雄，李庆，何洋．青少年田径运动员关节灵活性变化规律与运动能力的追踪研究[J]．山西师大体育学院学报，2005，20（4）：118-119.

② 张传芳，王沥，张涛，等．人类的体能与遗传[J]．遗传学报，2004，31（3）：317-324.

③ 张涛，张传芳，金锋，等．体能相关基因研究的新进展[J]．遗传，2004，26（2）：219-226.

④ 何子红，胡扬．体能训练个性化新指标——基因标记[J]．中国运动医学杂志，2010（5）：597-606.

2.5 骨龄应用研究

人的骨骼发育年龄简称为骨龄（Skeletal Age，SA），与生活中人们常说的“日历年龄”（Chronological Age，CA）并不一致。相同日历年龄的人，其身材、性成熟时间以及心理发育水平等均存在较大的个体差异。这也导致生物学年龄和日历年龄存在不一致的现象，而现有研究表明，这一现象在青春期阶段表现得更为显著[①②]。

目前国外研究普遍采用 Greulich-Pyle（G-P）法和 Tanner-Whitehouse（T-W）计分法[③]。1975 年，美国提出了膝部骨龄 RWT 法[④]。1980 年又提出了手腕部骨龄评价方法——Fels 法。20 世纪 70 年代，李果珍等人提出了中国人骨龄百分计数法[⑤]，对判定当时中国儿童的骨龄有一定的实用价值。但随着经济水平的提高，这一标准已无法适应当代儿童发展的需要。在 20 世纪 90 年代，国家制定出了新的中国人手腕骨发育评价标准，即 CHN 计分法[⑥]。CHN 计分法是将观察到的生物现象转化为数字来表示骨龄，适用于对个体生长发育速度的纵向比较。在此基础上，2006 年由国家体育总局发布 TY/T 3001—2006《中国青少年儿童手腕骨成熟度及评价方法》，即中华 05 计分法。

骨龄是评价生长发育较准确的指标[⑦]。在对青少年运动员生长发育

---

① 罗家燕，孙玮．西安市儿童的骨龄和青春生长突增期间关系的研究 [J]．实用口腔医学杂志，1997，13（3）：172-174.

② 刘斌，吴江声，等．组织学与胚胎学 [M]．北京：北京医科大学出版社，1998.

③ TANNER J M，WHITEHOUSE R H，TAKAISHI M. Standards from birth to maturity for height，weight，height velocity，and weight velocity：British children，1965. II [J]. Archives of disease in childhood，1966（41）：613-635.

④ ROCHE A F，WAINER H，THISSEN D. The RWT method for the perdietion of adult stature [J]. Pediatrics，1975，56（6）：1027-1033.

⑤ 李果珍，张德苓，高润泉．中国人骨发育的研究Ⅱ：骨龄百分计数法 [J]．中华放射学杂志，1979，13（1）：19-23.

⑥ 张绍岩，邵伟东，杨士增，等．中国人骨成熟度评价标准及应用：CHN 计分法和骨龄标准图谱 [M]．北京：人民体育出版社，1995：24-40.

⑦ 陈明达，于道中．实用体质学 [M]．北京：北京医科大学、中国协和医科大学联合出版社，1993：82-153.

鉴别方法中，用骨龄和第二性征检测是常用的方法①。李庆荣②通过对优秀儿童少年运动员的骨龄、身高测试，提出了骨龄分组竞赛的建议。

李新宁等③研究认为，少儿骨龄与形态发育水平具有明显的性别差异，不同发育类型的骨龄与形态发育，具有明显的组间差异。白英龙等④为研究青春早期体成分对男童骨龄及性发育的影响，观察比较各组间骨龄和性器官发育水平后发现，男童于青春早期肥胖可能会引起骨骼发育提前以及性器官生长滞后。

关于骨龄的研究较多，而且更多研究为提高可靠性，多以骨龄作为筛选、分类的标准，其应用领域涉及儿童青少年生长发育规律的探究、对儿童成年身高和女性月经初潮的预测、运动员的早期科学选拔人才等。本书正是基于以上考虑，实验对象的选择也是以骨龄来划分不同类型。骨龄研究不作为本书重点，因此不再赘述。

综合以上文献资料，我们可以清晰地作出以下判断：

①人体神经系统、心血管系统、内分泌系统等随着生长发育一同发育，并各自适应着人体生长发育阶段的需要。

②各内在机能系统，包括形态发育都有其自身发展规律，并受遗传因素和外界环境等影响，表现出相对的稳定性和永恒的可变性。

③脑神经的发育、心脏功能的发展、内分泌系统的不断调节与完善，制约或影响着人体各项运动能力的发展，但同时，运动又可以在一定程度上影响各机能系统的形态和功能，各因素之间相互交织，表现出一定的复杂性。

④儿童少年时期各身体素质所表现出的敏感期和各项生理功能的变化密切相关，且不同身体素质受不同生理指标的影响，表现各不相同，

---

① 杨若愚．骨龄与第二性征在青少年运动员生长发育鉴定中的应用［J］．中国体育教练员，2011（4）：26-27.

② 李庆荣．儿童少年运动员的年龄、骨龄与身高发育、运动成绩研究［J］．浙江体育科学，1998（4）：67-69.

③ 李新宁，萧志奇．7～15 岁城市男、女学生骨龄及形态发育的纵向观察［J］．现代康复，2000，4（3）：374-375.

④ 白英龙，李春涛，等．青春早期男童体成分与骨龄及性发育关系研究［J］．中国学校卫生，2008，29（4）：297-298.

有各自发展的差异性。

因此，本书关于儿童少年生理功能变化与身体素质敏感期的关联性研究，将涉及人体形态、体成分、心血管系统、神经和内分泌系统以及各身体素质等方面，涉及面广，而且研究领域交织繁杂，试图从人体形态及内在各机能系统本身发育规律的角度入手，对儿童少年身体敏感期发展进行更深层次的梳理，探寻敏感期发展变化的本质特征。

3 研究对象与方法

3.1 研究对象

本书所作的研究以儿童少年部分生理生化指标与身体素质敏感期关联性为对象。采用全国学生体质定点单位随机抽样测试对象的方法，以年级为单位，按男女性别，分别选择四川广安实验学校一—九年级和友谊中学高中一二年级共863名6～16岁在校学生和湖北潜江实验二小四—六年级和园林二中七—九年级共457名在校学生为测试对象，所有学生自愿参与本次测试，并且均未受过系统体育训练。测试对象自身身体健康状况良好，无家族性遗传病史，并且测试前无运动损伤和手腕处骨折等伤病。凡急性病患者如一月内患过高烧、腹泻等急性病或体力尚未恢复及正处于月经期的女生不参与测试。以上学生均为城市户口，汉族。具体抽样情况见表3-1。

表3-1　测试对象生活年龄人数统计表　　　（单位：人）

性别		6岁	7岁	8岁	9岁	10岁	11岁	12岁	13岁	14岁	15岁	16岁	总计
四川	男	38	43	34	38	41	37	33	39	46	42	44	435
	女	40	41	38	44	34	35	35	40	36	53	32	428
	合计	78	84	72	82	75	72	68	79	82	95	76	863
湖北	男			7	34	33	35	39	40	32	5		225
	女			9	31	39	36	38	38	34	7		232
	合计			16	65	72	71	77	78	66	12		457

对1320名测试对象全部进行骨龄筛查，结果见表3-2。从表3-2中可以看出，儿童少年时期的男女学生，由于个体的遗传因素和生活环境的不同，同年龄学生发育成熟度存在着明显个体差异。因此，在对儿童少年运动能力及机理特征进行研究时，采用骨龄分组，比采用年龄分组更能准确地了解该实际年龄段的学生身体发育规律。为此，我们最终选

取四川广安正常发育组男女学生共 603 名（其中男生 295 名，女生 308 名），以及湖北潜江正常发育组男女学生共 363 名（其中男生 182 名，女生 181 名）作为研究对象，以期更准确地反映同年龄阶段的儿童少年运动能力发展特征。同时，通过比较发现，同龄男女日历年龄与骨龄之间没有显著性差异（$p>0.05$）（见表 3-3、表 3-4）。

表 3-2　测试对象发育类型统计表　　（单位：人）

类型			6 岁	7 岁	8 岁	9 岁	10 岁	11 岁	12 岁	13 岁	14 岁	15 岁	16 岁	总计
四川	男	早发育	7	11	5	1	4	5	4	3	5	4	10	59
		正常发育	28	30	27	32	23	19	20	24	34	30	28	295
		晚发育	3	2	2	5	14	13	9	12	7	8	6	81
	女	早发育	4	4	2	5	8	0	6	2	8	9	1	49
		正常发育	32	31	30	31	24	33	25	30	20	26	26	308
		晚发育	4	6	6	8	2	2	4	8	8	18	5	71
湖北	男	早发育		2	1	1	3	3	5	4	2	1		22
		正常发育		0	13	25	30	26	36	33	19	0		182
		晚发育		2	6	7	4	2	4	1	2	0		28
	女	早发育		1	0	2	1	4	2	4	5	1		20
		正常发育		0	14	16	29	36	30	26	30	0		181
		晚发育		3	6	5	2	2	3	2	1	0		24

表 3-3　四川正常发育类型男女生日历年龄与骨龄统计表

年龄/岁	男			女		
	n/人	日历年龄/岁	骨龄/岁	*n*/人	日历年龄/岁	骨龄/岁
6	28	6.4±0.30	6.4±0.58	32	6.3±0.27	6.4±0.59
7	30	7.5±0.28	7.6±0.60	31	7.5±0.34	7.4±0.69
8	27	8.5±0.31	8.3±0.66	30	8.6±0.31	8.4±0.66
9	32	9.4±0.27	9.1±0.61	31	9.5±0.30	9.5±0.65
10	23	10.5±0.32	10.4±0.60	24	10.4±0.31	10.5±0.72
11	19	11.4±0.34	11.4±0.59	33	11.3±0.30	11.5±0.53

续表

年龄/岁	男			女		
	n/人	日历年龄/岁	骨龄/岁	n/人	日历年龄/岁	骨龄/岁
12	20	12.4±0.33	12.3±0.68	25	12.4±0.33	12.2±0.55
13	24	13.4±0.27	13.4±0.58	30	13.5±0.35	13.5±0.77
14	34	14.4±0.30	14.3±0.62	20	14.6±0.30	14.5±0.55
15	30	15.5±0.29	15.5±0.51	26	15.4±0.26	15.3±0.65
16	28	16.4±0.33	16.4±0.75	26	16.4±0.35	16.5±0.56

表 3-4 湖北正常发育类型男女生日历年龄与骨龄统计表

年龄/岁	男			女		
	n/人	日历年龄/岁	骨龄/岁	n/人	日历年龄/岁	骨龄/岁
8	13	8.4±0.41	8.3±0.49	14	8.1±0.69	8.3±0.40
9	25	9.5±0.29	9.1±0.71	16	9.8±0.62	9.5±0.28
10	30	10.9±1.14	10.5±0.29	29	10.7±0.80	10.5±0.25
11	26	11.7±0.82	11.5±0.23	36	11.6±0.99	11.5±0.25
12	36	12.4±0.91	12.4±0.28	30	12.7±1.05	12.3±0.26
13	33	13.4±0.96	13.5±0.29	26	12.8±1.14	13.5±0.25
14	19	14.2±0.50	14.6±0.53	30	13.7±0.73	14.3±0.23

3.2 研究方法

3.2.1 文献资料法

登录中国知网、万方数字、维普中文科技期刊、超星电子图书等中文网站，以“青少年”“生长发育”“运动能力”“心脏”“脑电图”“睾酮”“生长激素”“敏感期”等关键词检索；在 EBSCO 运动数据库等外文网站以“children and juveniles”“adolescents”“motor ability”“GH”“T”“IGF-1”“EEG”等关键词检索。通过国家图书馆、华中师范大学图书馆等手工检索相关文献资料，对国内外研究资料进行收集与整理，并对所有资料进行分类与研究，获得许多宝贵经验和思维启示，为本研究的选题方向和领域提供理论依据。

3.2.2 问卷调查法

(1) 专家问卷

6～16 岁不同年龄阶段儿童少年测试指标的筛选和相关指标体系的构建，是完成整个研究工作的前提和关键所在，因此在正式开展测试之前，从现有文献中尽可能地收集不同年龄段的儿童少年形态发育、身体素质、内在机能三个层面的测试指标及方法。结合专家提出的建议初步确定指标范围，并在此基础上，制定出影响儿童少年运动能力形态特征、生理生化、神经发育等指标的专家问卷。

对生理生化、体质测量、运动训练等方面的专家进行问卷调查，共发放问卷 9 份，回收 9 份，回收率为 100%，有效率为 100%（见表 3-5）。

表 3-5 专家名单

姓名	职称	研究领域	工作单位
熊××	教授	运动过程生物电变化	北京体育大学
张××	教授	体质测量与评价	北京体育大学
周×	教授	运动生理	北京体育大学
赵×	副教授	神经发育	北京体育大学
李××	教授	体质监测与血液	北京体育大学
李××	教授	运动训练	北京体育大学
刘××	教授	运动训练	华中师范大学
赵×	副教授	运动生理	华中师范大学
刘××	副教授	人体测量	华中师范大学

本研究采用重测法进行检验，两轮填表的时间间隔为 15 天，第二次测试时，问卷内容不变，但顺序有所调整。两次问卷的结果显示，前后选择一致的占 95%，不一致的占 5%，说明专家对问卷中各指标的选择具有高度稳定性。在筛选出得分低于 3 分的指标后，最终确定部分运动测试指标以及身体形态、体成分、心肺功能、激素和神经系统等指标。这些指标在一定程度上可以反映儿童少年的身体素质情况。

（2）学生问卷

为调查和了解学生日常生活习惯、营养和体育锻炼状况等，于测试前通过各班班主任下发调查问卷。对于部分小学生，填写问卷前先由班主任对问卷相关内容给予解释说明，并指导填写规范。广安地区发放问卷 885 份，剔除无效问卷 34 份，回收有效问卷 851 份，回收率 96.2%；潜江地区发放问卷 457 份，剔除无效问卷 21 份，回收有效问卷 436 份，回收率 95.4%，为本书采集数据的后期分析提供了相关背景资料和参考依据。本次调查全部采用《2010 年中国学生体质与健康调研》所用问卷。

3.2.3 实验测试法

（1）指标的确定

依据专家问卷结果，结合现场测试条件，最终确定了测试指标如下：

①身体形态

利用身体形态测量尺和身高坐高计、体重秤对测试对象进行测量，包括长度指标、宽度指标、围度指标和皮褶厚度指标等。

②体成分

使用体成分分析仪对测试对象进行测量，测试指标为体脂百分比、去脂体重、身高体重指数（BMI）等。

③骨龄

采用数字化 X 光骨龄仪，拍摄测试对象的手腕骨 X 射线片。根据中华 05 计分法判读测试对象骨龄结果，并根据骨龄与日历年龄的差值，确定骨龄和发育类型。选取组别依据《现代儿童少年卫生学（第二版）》划分为：早发育组——骨龄—生活年龄＞1；晚发育组——骨龄－生活年龄＜－1；正常组——－1≤骨龄－生活年龄≤1。

为保证筛选测试对象的可靠性，请骨龄判读专家根据中华 05 计分法对测试对象的骨龄结果进行判读，确定其骨龄；间隔一个月后，又请其重新判读，再对两次结果进行检验，判读的重复性达 89%，符合骨龄判读要求，具有较高的可靠性。

④运动能力

测试项目包括背力、握力、立定跳远、象限十字跳、选择反应时、

50m 跑、50m×8 跑（小学）、800m 跑（中学女）、1000m 跑（中学男）。

⑤生理机能

使用超声心动图仪检测测试对象安静状态下心脏结构和每搏输出量、每分输出量等相关机能指标。

⑥神经系统

使用便携式脑电图仪检测四川广安地区测试对象安静闭眼状态下的脑电（湖北潜江地区因条件限制未检测）。采用国际脑生理学会建议使用的系统放置电极，共 16 个电极，获得 α_1 波、α_2 波、β_1 波、β_2 波、θ 波和 δ 波的能量值，以及各区的能量导联间百分比。

⑦血液

对测试对象采用静脉抽血采集标本，并分离血清存于－70℃以下冰箱中。

标本收集完毕，统一进行实验室检测，血睾酮、生长激素试剂盒由北京华英生物技术研究所提供，采用放射免疫分析法测定，仪器采用中科大资产经营有限责任公司生产的 r-911 全自动放免计数仪。

（2）测试方法的确定

根据以上最终确定的测试指标体系，对湖北省潜江地区部分 8～14 岁中小学生，就拍摄手腕骨 X 射线片、超声心动图、运动能力指标等要求，分别进行了小范围的预试验。在预试验的基础上，又进一步征求专家意见，制定了详细的检测和测试规范、流程，同时抽调有经验的技术人员，进行前期培训，以保证数据的可靠性和有效性。

（3）测试程序

由测试对象所在的学校安排固定场所，确保在进行各项测试和检测时空间相对独立。为保证质量，每天安排测试对象 80 人左右参与测试和检测。测试对象每天上午 7:40 左右到达指定地点，程序如下：

①测试对象上午首先采血，所有采血人员由当地医院（三甲医院）派出具有医师资质的专人操作（潜江地区因条件限制未采血）。

②采血后进行体成分及身体形态指标测量。

③安静时心脏指标和脑电指标检测。

④除耐力跑以外的运动能力测试。

⑤下午进行骨龄检测，之后进行耐力跑测试。

⑥调查问卷于测试后的第二天在课堂上统一填写。

（4）质量控制

在实验中，对参与测试的工作人员的测量精度进行检验，包括当天和第三天复测检验，进行可靠性检验（$p<0.01$），确保测试的准确性。

在整个测试中，为保证每一项测试指标严格按规范要求，始终固定专人负责完成一项指标的测试与数据的填写。对生物学变异较小的指标随机抽数人复测，当复测结果误差超过测试细则要求时，必须查明原因，重测该项指标。在测试中，做到随时校正用于检查的仪器，并确保进行测试的室内场所温度控制在 21℃～26℃，相对湿度在40%～60%。

向每一个测试对象讲清测试目的和部分仪器使用规范，特别是低年级学生，由班主任现场指挥，并配备一名有专业医师资格的医生作为应急人员。

3.2.4 数理统计法

所有资料统一编号，采用 EpiData 3.1 软件建立数据库录入。数理统计由 Excel 2019、SPSS 20.0 软件处理，本书所有数据结果均为各组平行实验的平均值。在分析生物学指标不同年龄段各组差异时，采用了描述性统计、t 检验、χ^2 检验、单因素方差分析等统计方法。

4 结果与分析

4.1 身体形态

生长发育的一般规律是指个体生长发育的普遍方式。因为受到遗传、环境等多种因素的影响，个体的生长和发育有早有晚，速度有快有慢，差异很大，每个儿童少年都有自身的特殊性，但又都遵循一定普遍规律①。现有研究表明，我国不同地区群体的体格发育差异，是城乡、南北、社会经济发展水平三大环境因素综合作用的结果。

根据儿童少年生长发育规律，生长变化一般可以划分为 4 个时段，即匀速增长期、快速增长期、缓慢增长期和相对稳定期。通过表 4-1 可以看出，两地区男生身高、体重随年龄增长整体呈现递增趋势。

四川广安地区测试对象的身高、体重与《2010 年中国学生体质与健康调研报告》② 中全国同龄汉族学生平均水平相比，普遍偏低。广安地区男生身高在 7～13 岁、15 岁与全国同龄汉族男生相比，出现显著性差异（$p<0.05\sim0.01$），体重在 8～9 岁、11～12 岁、14 岁与全国同龄汉族男生相比出现显著性差异（$p<0.05\sim0.01$）。这些表明与全国同龄汉族男生平均水平相比，广安地区男生身高偏低、体重偏轻。

广安地区 6～16 岁男生的身高与体重在增长过程中，与全国同龄汉族男生的指标相比不一致，但到 16 岁时，身高、体重与全国同龄汉族男生的指标基本一致，中间数据出现波动可能与广安地区儿童少年的身高、体重等生长发育的特异性有关。

湖北潜江地区测试对象的身高、体重与《2010 年中国学生体质与健康调研报告》中全国同龄汉族学生平均水平相比，基本持平。潜江地

① 季成叶．现代儿童少年卫生学［M］．2 版．北京：人民卫生出版社，2010：22.

② 中国学生体质与健康研究组．2010 年中国学生体质与健康调研报告［M］．北京：高等教育出版社，2012：81-98.

区 8 岁、10 岁男生在身高上与全国同龄汉族男生相比，出现显著性差异（$p<0.05 \sim 0.01$），10 岁、11 岁男生在体重上与全国同龄汉族男生相比，出现显著性差异（$p<0.05 \sim 0.01$）。这可能与测试样本量不够有关。潜江地区男生 8～14 岁阶段增高增长过程基本与全国同龄汉族男生一致。

湖北潜江地区与四川广安地区男生的身高、体重相比，前者均高于后者，数据表明，同龄学生身高与体重受地域差异性影响。

表 4-1　两地区男生身高、体重与全国数据的对比

年龄/岁	全国			四川			湖北		
	n/人	身高/cm	体重/kg	n/人	身高/cm	体重/kg	n/人	身高/cm	体重/kg
6				28	117.32±5.09	21.57±3.83			
7	4486	126.9±5.82	26.69±5.68	30	123.77±4.82**	23.54±4.21			
8	4485	132.15±5.89	29.63±6.54	27	128.11±5.77**	25.89±3.91**	13	137.24±7.13**	31.70±4.41
9	4481	137.44±6.33	33.44±7.86	32	132.66±4.58**	29.92±4.78**	25	138.88±3.43	33.26±5.27
10	4490	142.45±6.85	37.16±9.23	23	138.83±6.02*	34.56±6.87	30	145.30±6.35**	39.81±8.85*
11	4500	148.14±7.86	41.69±10.61	19	144.32±4.62**	38.22±6.15*	26	147.30±5.19	38.60±5.76**
12	4483	154.23±8.61	46.25±11.84	20	148.8±7.37**	41.29±7.46**	36	153.09±6.57	45.01±9.26
13	4487	161.71±8.21	51.79±12.06	24	157.19±8.58*	48.15±9.41	33	162.25±4.56	53.76±7.87*
14	4489	166.99±7.28	56.37±12.23	34	165.26±5.05	51.26±6.56**	19	166.81±6.42	56.18±9.10
15	4489	170.01±6.60	59.36±11.97	30	168±5.78*	57.14±11.12			
16	4476	171.48±6.25	61.03±11.16	28	171.43±6.3	61.15±9.81			

注：与全国数值相比，*：$p<0.05$，**：$p<0.01$。

通过表 4-2 同样可以发现，四川广安地区和湖北潜江地区女生身高、体重随年龄增长呈现递增趋势，但从测试的结果来看，广安地区女生身高、体重也普遍低于全国同龄汉族女生的平均水平。广安地区 7 岁、9 岁和 15 岁女生在身高上与全国同龄汉族女生相比，出现显著性差异（$p<0.05$），9 岁、11 岁和 15 岁女生在体重上与全国同龄汉族女生相比，出现非常显著性差异（$p<0.01$）。这些表明广安地区女生也存在身高偏低、体重偏轻的现象。

潜江地区女生身高、体重基本与全国同龄汉族女生的平均水平持平。潜江地区 9 岁、12 岁女生在身高上与全国同龄汉族女生相比，出现显著性差异（$0.01<p<0.05$），所检测年龄段女生在体重上都无显著性差异（$p\leqslant0.01$）。

在对比四川广安地区和湖北潜江地区男女生各年龄段身高、体重时发现，在青春发育期前，两地区男女生身高并没有较大差距，但女生在进入青春发育期后身高增长速度快于男生，男生在进入青春期后，身高、体重增长幅度更明显，并超过女生所有指标。

同样在女生身高和体重的对比上，潜江地区和广安地区也存在差异性，均表现为前者高于后者。

表 4-2　两地区女生身高、体重与全国数据的对比

年龄/岁	全国			四川			湖北		
	n/人	身高/cm	体重/kg	n/人	身高/cm	体重/kg	n/人	身高/cm	体重/kg
6				32	117.19±4.15	20.42±2.14			
7	4481	125.51±5.63	24.70±4.61	31	123.68±6.71*	23.84±3.31			
8	4469	130.72±5.97	27.42±5.55	30	129±5.59	26.21±4.25	14	131.47±4.80	28.44±2.41
9	4490	136.55±6.51	30.91±6.46	31	134.55±4.62*	28.13±4.63**	16	137.64±5.71*	31.01±4.90
10	4487	142.87±7.16	35.05±7.72	24	139.79±7.24	33.45±7.06	29	140.66±8.17	34.42±5.91
11	4496	149.17±7.36	39.94±8.86	33	147.33±5.41	36.23±5.8**	36	150.16±6.20	39.10±6.03

续表

年龄/岁	全国			四川			湖北		
	n/人	身高/cm	体重/kg	n/人	身高/cm	体重/kg	n/人	身高/cm	体重/kg
12	4484	153.46±6.90	43.60±9.05	25	152.12±5.95	41.75±5.77	30	155.43±4.66*	42.63±4.83
13	4487	157.13±5.94	47.55±8.91	30	155.43±6.33	45.95±7.73	18	157.36±5.59	49.35±7.93
14	4494	158.91±5.65	49.83±7.46	20	157.75±5.86	48.56±5.65	38	158.54±6.24	51.17±8.02
15	4482	159.33±5.79	50.97±8.23	26	158.17±6.51*	49.58±5.39**			
16	4454	159.91±5.58	51.86±7.67	26	158.56±5.88	50.60±5.75			

注：与全国数值相比，*：$p<0.05$，**：$p<0.01$。

4.1.1 男生身体形态

从四川广安地区男生身高的年增长率（见表 4-3）及变化曲线（见图 4-1）可以看出，该地区男生身高增长的第一个阶段是 7～10 岁，生长速度在 10 岁有一个“小”高峰，形成了匀速增长期；第二个阶段是 11～14 岁，形成“大”高峰，生长速度加快，身高激增，为快速增长期，高峰年龄出现在 13 岁；第三个阶段是 15 岁以后，生长速度逐渐变慢，形成缓慢增长期。

湖北潜江地区男生身高年增长率也遵循着“小”“大”高峰规律，在 9～11 岁、11～13 岁均出现高增长率，特别是 13 岁出现“大”高峰。

与全国同龄汉族男生的数据比较发现，四川广安地区男生身高年增长率与全国同龄汉族男生身高年增长率并不一致，在 10 岁、13～14 岁、16 岁时超过全国同龄汉族男生，在 8～9 岁和 12 岁时低于全国同龄汉族男生，但两者身高最高年增长率均出现在 13 岁。湖北潜江地区男生身高年增长率与全国同龄汉族男生身高年增长率相比，在 9 岁、11 岁、14 岁时低于全国同龄汉族男生，同时湖北潜江地区男生身高最高年增长率也出现在 13 岁。

这进一步说明，男生身高增长有地域差异性，但青春发育高峰期出现时间一致，表明广安地区男生身高增长依旧遵循一般生长发育规律。

据文献报道①，青春突增期开始的时间有不同的划分标准，目前理论界常把身高增长速度最快的 3 个相邻年龄组确定为快速增长期（或突增期）。据此，虽然两地区男生身高年增长率与全国同龄汉族男生的平均水平不完全一致，但身高突增期均是 12～14 岁，以此判断男生 12 岁进入青春发育期。

表 4-3　两地区男生身高年增长率与全国数据的对比

年增长率	7 岁	8 岁	9 岁	10 岁	11 岁	12 岁	13 岁	14 岁	15 岁	16 岁
湖北			1.19%	4.63%	1.38%	3.93%	5.98%	2.81%		
四川	5.49%	3.51%	3.55%	4.65%	3.95%	3.11%	5.64%	5.14%	1.66%	2.04%
全国		4.14%	4.00%	3.65%	3.99%	4.11%	4.85%	3.27%	1.81%	0.86%

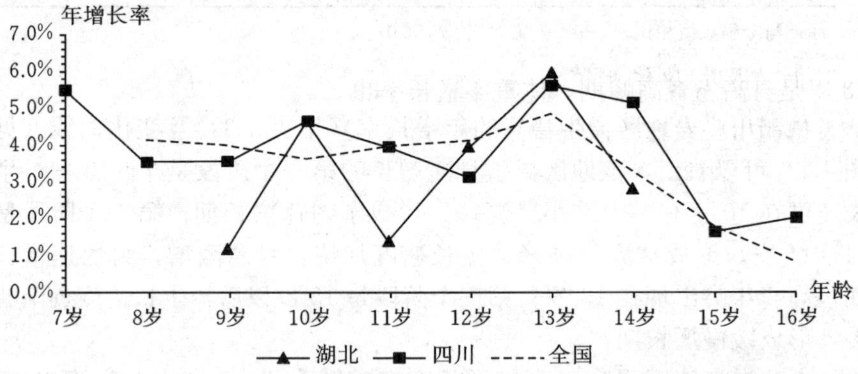

图 4-1　男生身高年增长率（生长速度）变化曲线

四川广安地区男生体重年增长率（见表 4-4）及变化曲线（见图 4-2）总体上与身高的增长趋势一致，但各增长阶段的具体年龄范围有所不同。男生体重增长的第一阶段是 7～11 岁，出现第 1 次体重增长小高峰，高峰期出现在 9～10 岁；第二阶段是 12～14 岁，增长幅度最大，其中 13 岁是高峰年龄，形成快速增长期；第三阶段为 15 岁以后，形成

① 中国学生体质与健康研究组．2000 年中国学生体质与健康调研报告［M］．北京：高等教育出版社，2002：78.

相对稳定增长期。

对比全国同龄汉族男生体重年增长率数据发现，四川广安地区男生在 8 岁、12 岁增长速度明显低于全国同龄汉族男生的身高增长速度，但在 9～10 岁、13 岁、15～16 岁增长高峰期又高于全国同龄汉族男生的身高增长速度，表现为波动较大，这些阶段性波动的不一致，可能与广安地区地域性有关。

同样，湖北潜江地区男生体重年增长率变化曲线总体上同身高的增长趋势一致，体重在各增长阶段的具体年龄范围有所不同，但在 11 岁出现负增长可能与样本量有关。男生的体重增长高峰出现在 10 岁、12～13 岁。对比全国同龄汉族男生体重年增长率数据发现，潜江地区男生在 9 岁、11 岁体重增长速度明显低于全国同龄汉族男生的身高增长速度，但在 10 岁、12 岁、13 岁增长高峰期又明显高于全国同龄汉族男生的身高增长速度，表现为波动较大，这些阶段性波动的不一致，可能与潜江地区地域性有关。

两地区男生的身高、体重年增长率波动较大，但总体表现为男生 13 岁是身高发育高峰期，体重年增长率也较高，依旧反映出男生身高、体重遵循生长发育普遍规律。

表 4-4　两地区男生体重年增长率与全国数据的对比

年增长率	7 岁	8 岁	9 岁	10 岁	11 岁	12 岁	13 岁	14 岁	15 岁	16 岁
湖北			4.93%	19.68%	−3.05%	16.61%	19.46%	4.49%		
四川	13.17%	1.35%	15.59%	15.50%	10.59%	5.40%	19.51%	6.46%	11.47%	7.02%
全国		11.02%	12.86%	11.12%	10.94%	11.98%	8.84%	5.30%	2.81%	2.81%

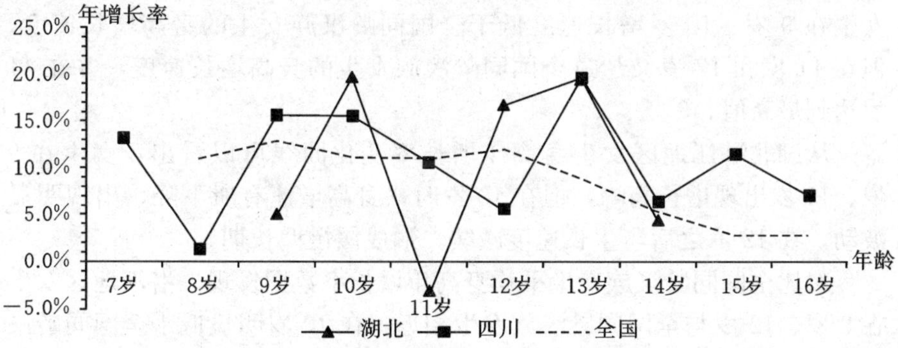

图 4-2　男生体重年增长率（生长速度）变化曲线

4.1.2　女生身体形态

从四川广安地区女生身高年增长率（见表 4-5）及变化曲线（见图 4-3）可以看出，女生身高增长的第一阶段是 7～9 岁，形成匀速增长期；第二阶段是 9～11 岁，是快速增长期，并在 11 岁出现高峰期；第三阶段是 12～16 岁，生长速度减缓，形成缓慢增长期。

表 4-5　两地区女生身高年增长率与全国数据的对比

年增长率	7 岁	8 岁	9 岁	10 岁	11 岁	12 岁	13 岁	14 岁	15 岁	16 岁
湖北			4.69%	2.19%	6.76%	3.51%	1.24%	0.75%		
四川	5.54%	4.30%	4.30%	3.90%	5.39%	3.25%	2.18%	1.49%	0.27%	0.25%
全国		4.15%	4.46%	4.63%	4.41%	2.88%	2.39%	1.13%	0.26%	0.36%

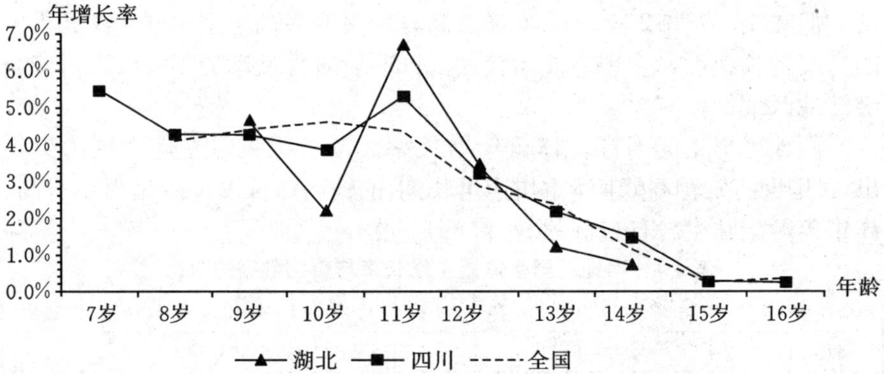

图 4-3　女生身高年增长率（生长速度）变化曲线

对比全国同龄汉族女生平均身高年增长率数据发现，四川广安地区女生在 9 岁、10 岁增长速度低于全国同龄汉族女生的身高增长速度，但在 11 岁和 12 岁又超过全国同龄汉族女生的身高增长速度，并在 11 岁达到最高值。

从湖北潜江地区女生身高年增长率变化曲线可以看出，女生在 9 岁、11 岁出现增长高峰，但在 10 岁时，身高增速有所下降，出现明显波动，在 12 岁之后，生长速度减缓，形成缓慢增长期。

对比全国同龄汉族女生平均身高年增长率数据发现，潜江地区女生在 9 岁、12 岁与全国同龄汉族女生相近，在 10 岁明显低于全国同龄汉族女生，但在 11 岁又明显高于全国同龄汉族女生。

全国数据中，女生的身高快速增长期是 9～11 岁，最高年增长值的年龄出现在 10 岁。四川广安地区女生青春发育期身高快速增长期出现在 10～12 岁，最高年增长值的年龄出现在 11 岁，比全国平均时间晚 1 年。湖北潜江地区女生青春发育期身高快速增长期出现在 11 岁，说明两地区女生发育受地域环境影响，表现出各自的特点，但青春期开始突增的年龄依旧符合人体生长发育规律。

从男女生身高年增长率变化曲线来看，女生突增最大幅度年龄出现在 11 岁，男生在 13 岁，突增年龄早男生 2 年，基本符合青春发育期女生从 10～11 岁开始，比男生早 2 年的一般生长发育规律。

女生比男生突增期早 2 年，是因为在出现青春期形态变化以前 2 年左右，男女体内肾上腺皮质分泌的雄激素（如脱氢表雄酮、雄烯二酮等）同时增多。但对于男生来说，这些雄激素的作用比睾酮弱，基本不能发挥作用，但对女生却作用明显，导致女生比男生早 2 年发生“肾上腺功能初现”，表现为生长突增启动，第二性征开始出现。

从女生体重年增长率（见表 4-6）及变化曲线（见图 4-4）可以看出，四川广安地区女生体重快速增长期出现在 10～12 岁，其中 10 岁为高峰年龄，在 12 岁出现一个小高峰后进入缓慢增长期。相比全国同龄汉族女生平均体重年增长率数据，广安地区女生在 10 岁和 12 岁明显高于全国同龄汉族女生，但在 9 岁和 11 岁又明显低于全国同龄汉族女生，说明广安地区女生体重在青春发育期也表现出较大的波动性。

湖北潜江地区女生体重快速增长期出现在 11～13 岁，其中 13 岁为高峰年龄，与全国同龄汉族女生平均体重数据对比，9～12 岁大致相同，但在 13 岁，湖北潜江地区女生高于全国同龄汉族女生，在 14 岁后又接近全国同龄汉族女生。

两地区数据表明各地区女生体重年增长率有自己独特的变化趋势，但在总体上遵循人体一般生长发育规律。

表 4-6 两地区女生体重增长率与全国数据的对比

年增长率	7 岁	8 岁	9 岁	10 岁	11 岁	12 岁	13 岁	14 岁	15 岁	16 岁
湖北			9.04%	11.02%	13.58%	9.04%	15.76%	3.68%		
四川	16.76%	9.92%	7.34%	18.92%	8.31%	15.23%	10.07%	5.67%	2.11%	2.06%
全国		11.01%	12.73%	13.39%	13.95%	9.16%	9.06%	4.79%	2.29%	1.75%

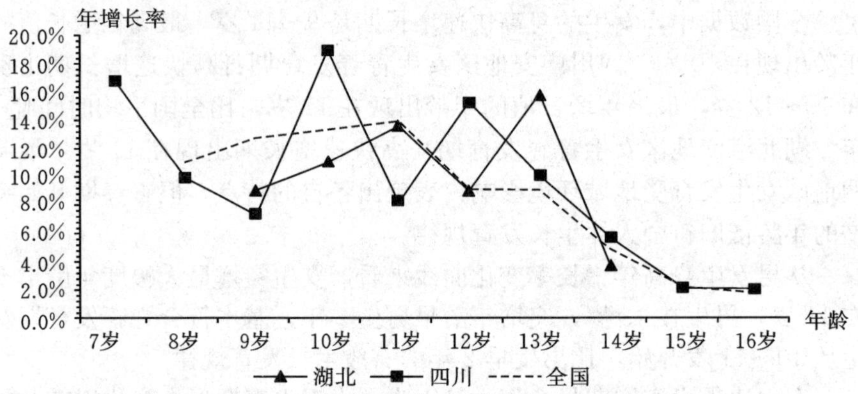

图 4-4 女生体重年增长率（生长速度）变化曲线

另外，对比男女生身高、体重年增长率变化曲线，我们可以发现，广安地区男女生均在 6～7 岁出现一个增长快速期，这个现象可能与测试对象的身体机能发育有关。

4.1.3 BMI 指数特征

身体质量指数（Body Mass Index，BMI），也称为体重指数，其计算公式为体重指数（BMI）$=\left(\frac{\text{体重/kg}}{\text{身高/m}}\right)^2$，常用来反映人体充实度，是世界卫生组织（WHO）所推荐的评价儿童体质最适宜的指标。随着儿童超重和肥胖在全球广泛流行，以及儿童低体脂率逐年增高，世界各国越来越重视 BMI 与健康的关系。在儿童少年生长发育过程中，BMI 值是逐步上升的，而且在青春期有突增表现。BMI 指数不仅能筛查超重和肥胖，还能用于辨别不同程度的营养不良。

从表 4-7 可以看出，与全国同龄汉族男生 BMI 指标对比时，四川广安地区男生测试数据中 BMI 指数除 7 岁时比全国同龄汉族男生 BMI 指数略高外，其余年龄段均低于全国同龄汉族男生 BMI 指数，并在 8 岁、10 岁、13 岁和 14 岁与全国同龄汉族男生 BMI 指数有显著性差距（$p<0.05$），其中在 8 岁和 14 岁达到了非常显著性差异（$p<0.01$）。湖北潜江地区男生测试数据中 BMI 指数基本与全国同龄汉族男生 BMI 指数接近，只在 11 岁明显低于全国同龄汉族男生 BMI 指数，13 岁明显高于全国同龄汉族男生 BMI 指数，且在 11 岁和 14 岁有显著性差异。

表 4-7 两地区男生 BMI 指数与全国数据的对比

年龄/岁	全国		四川		湖北	
	n/人	BMI	n/人	BMI	n/人	BMI
6			28	16.47±2.48		
7	4486	16.45±2.59	30	16.74±2.24		
8	4485	16.84±2.77	27	15.80±1.95**	13	16.83±2.02
9	4481	17.55±3.14	32	16.81±2.43	25	17.22±2.40
10	4490	18.14±3.38	23	17.27±2.58*	30	18.83±3.85
11	4500	18.80±3.56	19	18.08±2.53	26	17.77±2.34*
12	4483	19.24±3.67	20	18.43±3.15	36	19.14±3.45
13	4487	19.66±3.58	24	18.42±2.97*	33	20.40±2.68*
14	4489	20.11±3.59	34	18.81±2.42**	19	20.18±3.04
15	4489	20.47±3.59	30	19.78±3.86		
16	4476	20.71±3.32	28	20.25±2.55		

注：与全国数值相比，*：$p<0.05$，**：$p<0.01$。

从表 4-8 可以看出，四川广安地区女生测试数据中 BMI 指数除 10 岁时比全国同龄汉族女生 BMI 指数高外，其余年龄段均低于全国同龄汉族女生 BMI 指数，并在 9 岁、11 岁和 15 岁与全国同龄汉族女生 BMI 指数有显著性差距（$p<0.05$），其中在 9 岁和 11 岁达到了非常显著性差距（$p<0.01$）。这说明广安地区儿童少年可能存在一定程度的营养不良状况。

湖北潜江地区女生测试数据中 BMI 指数基本与全国同龄汉族女生 BMI 指数接近，在 8 岁、10 岁、13～14 岁高于全国同龄汉族女生 BMI 指数，在 9 岁、11～12 岁低于全国同龄汉族女生 BMI 指数，其中 8 岁和 12 岁达到了显著性差距（$p<0.05$）。这说明潜江地区儿童少年时期发育速度有一定波动，但总体与全国汉族女生 BMI 指数一致。

表 4-8 两地区女生 BMI 指数与全国数据的对比

年龄/岁	全国		四川		湖北	
	n/人	BMI	n/人	BMI	n/人	BMI
6			32	14.80±1.71		

续表

年龄/岁	全国		四川		湖北	
	n/人	BMI	n/人	BMI	n/人	BMI
7	4481	15.59±2.12	31	15.42±2.02		
8	4469	15.94±2.37	30	15.66±1.96	14	16.51±1.73*
9	4490	16.47±2.55	31	15.46±2.02**	16	16.29±1.74
10	4487	17.03±2.71	24	17.24±2.69	29	17.51±3.56
11	4496	17.80±2.96	33	16.56±1.99**	36	17.27±1.92
12	4484	18.40±2.98	25	17.96±2.23	30	17.63±1.74*
13	4487	19.19±3.03	30	18.80±2.58	18	19.89±2.68
14	4494	19.69±2.91	20	19.23±1.85	38	20.31±2.52
15	4482	20.05±2.85	26	19.48±1.75*		
16	4454	20.26±2.63	26	20.00±2.52		

注：与全国数值相比，*：$p<0.05$，**：$p<0.01$。

4.1.4 超重率、肥胖率指标特征

通过对湖北潜江、四川广安两地区男生的超重率和肥胖率进行统计（见表4-9），并与全国同龄汉族男生的肥胖率比较发现，广安地区男生除15岁外，其余各年龄组肥胖率均低于全国同龄汉族男生，但超重指标在7岁、9岁、12～13岁、16岁超过全国同龄汉族男生。通过对广安地区6～16岁全部超重指标统计发现，男生超重率14.09%，低于全国超重率14.99%。

表4-9 两地区男生超重率、肥胖率与全国指标的对比

年龄/岁	四川				湖北				全国指标			
	超重		肥胖		超重		肥胖		超重		肥胖	
	n/人	%	n/人	%	n/人	%	n/人	%	n/人	%	n/人	%
6	5	17.86	1	3.57								
7	5	16.67	4	13.33					573	12.77	628	14.00
8	2	7.41	0	0.00	1	12.50	0	0.00	631	14.07	533	11.88
9	6	18.75	1	3.13	4	16.00	1	4.00	689	15.38	586	13.08

续表

年龄/岁	四川				湖北				全国指标			
	超重		肥胖		超重		肥胖		超重		肥胖	
	n/人	%	n/人	%	n/人	%	n/人	%	n/人	%	n/人	%
10	4	17.39	2	8.70	10	33.33	7	23.33	790	17.59	510	11.36
11	2	10.53	1	5.26	3	11.54	1	3.85	860	19.11	457	10.16
12	4	20.00	0	0.00	6	16.67	4	11.11	764	17.04	404	9.01
13	4	16.67	1	4.17	9	27.27	2	6.06	701	15.62	307	6.84
14	3	8.82	0	0.00	3	21.43	1	7.14	592	13.19	302	6.73
15	2	6.67	2	6.67					595	13.25	291	6.48
16	4	14.29	0	0.00					535	11.95	209	4.67
合计	41	14.09	12	4.08	27	14.84	16	8.79	6041	14.99	4172	9.42

通过 χ^2 检验，$\chi^2=0.279$，$p=0.597>0.05$，说明两者的超重率没有显著性差异。这就提示我们，虽然四川广安地区 6～16 岁男生总体的超重率和全国同龄汉族男生的超重率相比没有差异，但肥胖率却有明显差异，在个别年龄段超过全国同龄汉族男生，可能是因为广安样本量太小，造成百分比偏高。这就说明，广安地区男生存在肌肉不发达、整体偏瘦的可能性（见图 4-5、图 4-6）。

湖北潜江地区男生各年龄阶段超重率与全国同龄指标相比波动较大，在 10 岁、13～14 岁均明显高于全国同龄汉族男生，其他年龄阶段的超重率与全国同龄汉族男生的超重率差异不大，而在肥胖率的比较中，潜江地区男生在 8～9 岁、11 岁明显低于全国同龄汉族男生，在 10 岁明显高于全国同龄汉族男生，这可能是因为潜江样本量太小，导致数据有所偏差（见图 4-5、图 4-6、表 4-10、表 4-11）。

表 4-10 两地区男生超重率与全国数据的对比

超重率	6 岁	7 岁	8 岁	9 岁	10 岁	11 岁	12 岁	13 岁	14 岁	15 岁	16 岁
四川	17.86%	16.67%	7.41%	18.75%	17.39%	10.53%	20.00%	16.67%	8.82%	6.67%	14.29%
湖北			12.50%	16.00%	33.33%	11.54%	16.67%	27.27%	21.43%		
全国		12.77%	14.07%	15.38%	17.59%	19.11%	17.04%	15.62%	13.19%	13.25%	11.95%

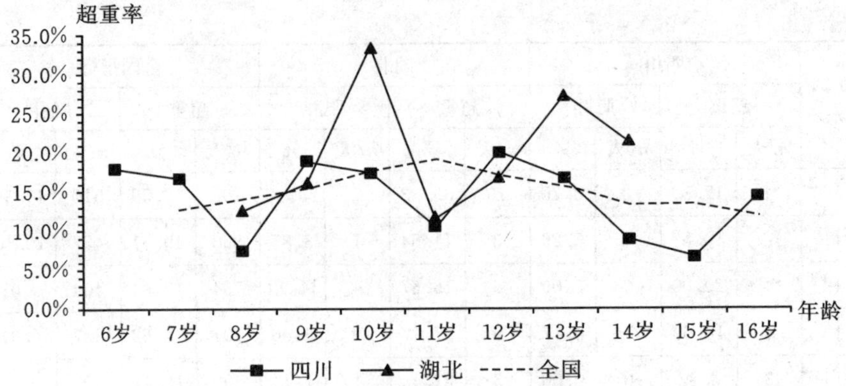

图 4-5　男生超重率变化曲线

表 4-11　两地区男生肥胖率与全国数据的对比

肥胖率	6 岁	7 岁	8 岁	9 岁	10 岁	11 岁	12 岁	13 岁	14 岁	15 岁	16 岁
四川	3.57%	13.33%	0.00%	3.13%	8.70%	5.26%	0.00%	4.17%	0.00%	6.67%	0.00%
湖北			0.00%	4.00%	23.33%	3.85%	11.11%	6.06%	7.14%		
全国		14.00%	11.88%	13.08%	11.36%	10.16%	9.01%	6.84%	6.73%	6.48%	4.67%

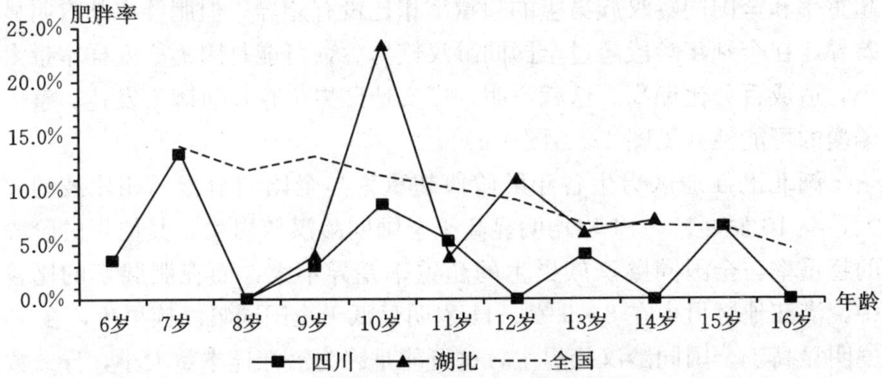

图 4-6　男生肥胖率变化曲线

这里需要说明的是，“超重”是临床诊断中较少出现的概念，超重不等同于肥胖，超重有可能是因为部分儿童少年经常参加体育锻炼，或者身材骨架相对较大，骨骼和肌肉相对发达，但通过数据对比，广安地区男生的超重率和肥胖率指标均低于全国平均水平，肌肉并不发达。潜江地区男生的这两个指标变化较大。

两地区女生超重体重率与肥胖率见表4-12，与全国同龄汉族女生数据比较，广安地区女生肥胖率仅在16岁超过全国指标，超重率在7岁、13岁超过全国指标。但将6～16岁整体超重率与全国7～16岁整体超重率比较，通过χ^2检验，$\chi^2=6.781$，$p=0.009<0.05$，说明两者之间的超重率差异具有统计学意义。结合广安地区女生超重率4.38%、全国汉族女生超重率8.74%，可以看出广安地区女生的超重率远低于全国汉族女生水平。同时广安地区女生肥胖率为1.63%，全国汉族女生的肥胖率为4.66%，通过χ^2检验，$\chi^2=6.364$，$p=0.012<0.05$，说明两者之间的肥胖率差异也具有统计学意义。这就说明，广安地区女生肌肉不发达，体型偏瘦。这种情况的出现，既与营养有关，也与体育锻炼不足有关（见表4-15、表4-16、表4-36、表4-37）。

表4-12　两地区女生超重率、肥胖率与全国指标的对比

年龄/岁	四川				湖北				全国指标			
	超重		肥胖		超重		肥胖		超重		肥胖	
	n/人	%	n/人	%	n/人	%	n/人	%	n/人	%	n/人	%
6	1	3.13	0	0.00								
7	5	16.13	0	0.00					477	10.64	328	7.32
8	2	6.67	1	3.33	2	18.18	0	0.00	415	9.29	318	7.12
9	1	3.23	1	3.23	1	6.25	0	0.00	404	9.00	278	6.19
10	0	0.00	1	4.17	5	17.24	3	10.34	363	8.09	255	5.68
11	0	0.00	0	0.00	2	5.56	2	5.56	379	8.43	226	5.03
12	1	4.00	0	0.00	0	0.00	0	0.00	350	7.81	191	4.26
13	3	10.00	1	3.33	4	22.22	0	0.00	392	8.74	170	3.79
14	1	5.00	0	0.00	5	16.67	1	3.33	411	9.15	124	2.76
15	0	0.00	0	0.00					387	8.63	118	2.63
16	0	0.00	1	3.85					342	7.68	79	1.77
合计	14	4.38	5	1.63	19	10.49	6	3.31	3922	8.74	2087	4.66

表 4-13　两地区女生超重率与全国数据的对比

超重率	6 岁	7 岁	8 岁	9 岁	10 岁	11 岁	12 岁	13 岁	14 岁	15 岁	16 岁
四川	3.13%	16.13%	6.67%	3.23%	0.00%	0.00%	4.00%	10.00%	5.00%	0.00%	0.00%
湖北			18.18%	6.25%	17.24%	5.56%	0.00%	22.22%	16.67%		
全国		10.64%	9.29%	9.00%	8.09%	8.43%	7.81%	8.74%	9.15%	8.63%	7.68%

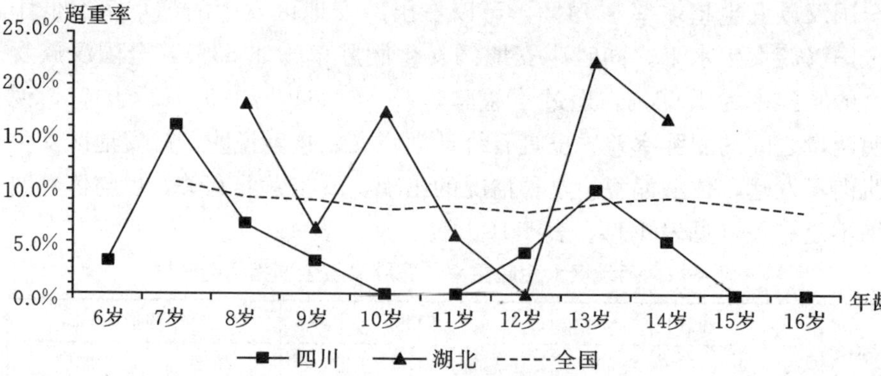

图 4-7　女生超重率变化曲线

表 4-14　两地区女生肥胖率与全国数据的对比

肥胖率	6 岁	7 岁	8 岁	9 岁	10 岁	11 岁	12 岁	13 岁	14 岁	15 岁	16 岁
四川	0.00%	0.00%	3.33%	3.23%	4.17%	0.00%	0.00%	3.33%	0.00%	0.00%	3.85%
湖北			0.00%	0.00%	10.34%	5.56%	0.00%	0.00%	3.33%		
全国		7.32%	7.12%	6.19%	5.68%	5.03%	4.26%	3.79%	2.76%	2.63%	1.77%

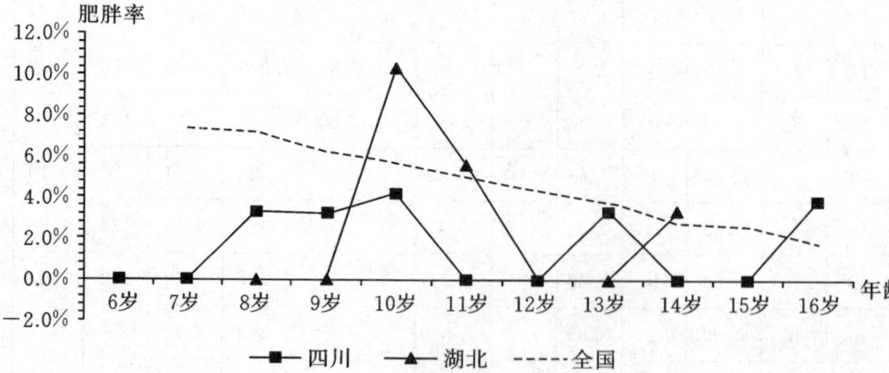

图 4-8　女生肥胖率变化曲线

湖北潜江地区女生超重率与全国同龄汉族女生的数据相比较，在9岁、11～12岁低于全国指标，在8岁、10岁、13～14岁高于全国指标，波动较大。结合肥胖率分析，由于样本量不够，8～9岁、12～13岁的肥胖率为0，其他指标波动也较大。总体来看，湖北潜江地区女生超重率10.49%高于全国指标8.74%，肥胖率3.31%略低于全国指标4.66%，说明潜江地区女生虽然在儿童少年发育阶段波动性较大，但总体符合全国汉族青少年发展趋势。

通过调查学生营养情况发现（见表4-15和表4-16），广安地区所有测试对象中，每天喝牛奶的仅占39.5%，每天吃鸡蛋的仅占15.5%，有近10%的学生每天不吃鸡蛋。潜江地区测试对象每天喝牛奶的占68.8%，每天吃鸡蛋的占47.2%，97.9%以上的学生每天按时吃早饭。牛奶作为在促进儿童体格生长和智力发育，提高机体免疫力，预防慢性疾病等方面有重要作用的优质蛋白，人体消化率高达90%以上，是膳食钙的最佳来源，能增加骨密度，有利于儿童钙库中钙的储存，预防成年后的骨质疏松[①]。同时蛋白质对运动能力的提高和发挥机体的能力有着十分重要的意义，是运动过程中的主要能源物质，它能提高中枢神经系统的兴奋性，增强肌肉力量，促进自身蛋白质的合成，预防运动性贫血。而长期不吃早餐，对儿童少年脑部发育、消化系统的危害很大。

表4-15 对两地区学生营养情况（吃早餐、鸡蛋）的调查(共1287人)

营养		从来不吃		每周1—2次		每周3—5次		天天都吃	
		n/人	%	n/人	%	n/人	%	n/人	%
广安（共851人）	吃鸡蛋	77	9.1	381	44.7	261	30.7	132	15.5
	吃早餐	2	0.2	15	1.7	64	7.4	772	90.7
潜江（共436人）	吃鸡蛋	1	0.2	33	7.6	196	45	206	47.2
	吃早餐	0	0	2	0.5	7	1.6	427	97.9

① 魏小平，刘友学，陈永忠，等. 国内外儿童牛奶补充项目研究现状［J］. 重庆医学，2011，40（15）：1533-1537.

表 4-16 对两地区学生营养情况（喝牛奶）的调查 （共 1287 人）

内容	从来不喝		有时喝		每天 1 袋		每天 2 袋	
	n/人	%	n/人	%	n/人	%	n/人	%
广安（共 851 人）	15	1.8	499	58.7	294	34.5	43	5
潜江（共 436 人）	0	0	136	31.2	281	64.4	19	4.4

注：一袋牛奶容量为 250mL～500mL。

营养也是影响学生身高、体重的重要因素，从每日基本营养摄入的数据来看，广安地区测试对象与潜江地区测试对象相比有明显差距，这是潜江地区测试对象的身高、体重普遍高于广安地区测试对象的原因之一。

从广安地区测试对象的身高、体重、BMI 指标以及肥胖率指标均低于全国同龄汉族学生平均水平可以发现，该地区学生营养摄入不足，身体肌肉含量偏低，势必影响到学生正常的生长发育和运动能力的提高。

4.1.5 小结

儿童少年在不同的时期，生长发育的速度不一样，有时快有时慢，呈现波浪式发展。如身高、体重的发展，从胎儿到成熟有两个突增阶段：第一个是胎儿时期，为第一个生长发育高峰期；出生后生长速度逐渐减慢，直到 10～12 岁又出现第二个快速增长期，而且表现出明显的性别差异。10 岁前男女生身高和体重的差异性不明显。由于女生的性成熟较男生早，在青春期早期，就表现为女生的体重和身高超过男生，但男生进入青春发育期后不久就赶上并远远超过女生，因而在男女生生长发育的一些指标曲线上出现了两次交叉。

通过调查四川广安和湖北潜江两地区男女生身高、体重发育的情况发现，男生在 13 岁达到突增期，女生在 11 岁达到突增期。与全国数据对比，广安地区男女生身高、体重均比全国同龄汉族学生平均水平偏低、偏轻，潜江地区男女生身高、体重与全国同龄汉族学生平均水平接近，两地区生长发育的阶段特征也表现出各自的特异性，特别是男女生体重的年增长率波动较大，但总体上符合人体一般生长发育规律。

通过 BMI 指标的调查，我们可以看到，广安地区男女生 BMI 指标偏低，均低于全国同龄汉族学生平均水平，表现出一定的营养不良。潜江地区男女生 BMI 指标虽然有所波动，但与全国数据接近。营养调查亦发现同样情况。

通过将男女生超重率、肥胖率与全国同龄汉族学生的数据进行比较，发现广安地区男生超重率在 7 岁、9 岁、12～13 岁和 16 岁超过全国同龄汉族男生，肥胖率仅在 15 岁超过全国同龄汉族男生。广安地区女生超重率和肥胖率与全国同龄汉族女生的数据相比，超重率除在 7 岁和 13 岁、肥胖率除在 16 岁高于全国同龄汉族女生水平外，其余年龄段均低于全国同龄汉族学生平均水平。而潜江地区男女生超重率、肥胖率与全国同龄汉族学生相比，不仅更多年龄段的数值超过全国水平，而且超过的比值高于广安地区同龄学生水平，也表现出一定的地域特点。

通过对广安地区男女生身高、体重、BMI 指标和肥胖率指标，以及调查问卷的综合分析，进一步证实广安地区男女生身体发育充实度不足，存在肌肉不发达、营养不良的现象。这种现象也间接反映出该地区男女生体育锻炼不够、运动能力不足的问题。

4.2 体成分与身体素质敏感期的关系

人的生长发育是一个不断变化的过程，生长指细胞的繁殖、增大和细胞间质增加，表现为组织、器官、身体各部和全身大小、重量和化学成分的变化，属于量变范畴。发育指身体组织、器官和系统的功能演进和完善的过程，属于质变范畴。生物体成熟前，机能和构造发生变化，生长是发育最显著的一个特征。儿童少年的发育特征指躯体形态、生理功能和心理从量变到质变的动态过程。儿童少年体内各个器官的生长以至整个机体的增大过程为量的变化，而体内细胞、组织、器官功能的成熟过程为质的变化。儿童少年这种从量变到质变的标志就是身体形态、生理功能和心理的年龄特征。

从出生到青春期，随着体重的增加，人体的肌肉量也相应增多。男性出生时骨骼肌占体重的25%，而长到20～30岁时就占全身体重的40%～45%，甚至更多[①]。这种变化主要发生在青春期肌肉生长速度高峰的时候。这个高峰是对突然发生的、几乎10倍增长的睾酮分泌量的回应。女性在青春期时没有经历这样快速的肌肉生长过程，可是她们的肌肉量也持续增多到其青年期成人体重的30%～35%，但比男子要慢很多，二者出现差异主要是青春期男女体内激素有差异造成的。

去脂体重的本意是指人的身体用乙醚提取脂肪后所剩的其余全部体重，包括全身的含水量、蛋白质、无机物和糖原等，即身体的非脂类物质。一般情况下，将骨骼、肌肉及其他非脂肪成分体重称为去脂体重。去脂体重中骨骼肌占很大比重，人体的运动能力在相当程度上取决于骨骼肌类型和骨骼肌的收缩能力，因此，以骨骼肌为主要成分的瘦体重（去脂体重）占总体重的比例，对人体的运动能力有很大影响。

去脂体重有较高的遗传度，一般男性为87%，女性为78%[②]。研究证实[③④]，去脂体重、去脂体重/体重，与运动成绩有密切的关系：去脂体重所占比重越高，肌肉力量越大，绝对力量、爆发力等越强。同时，邢文华[⑤]研究发现，瘦体重、瘦体重/身高指数与某些机体能力（心肺功能和肌肉力量）和运动能力（跑、跳、投）密切相关，瘦体重水平越高，某些机体能力和运动能力越强。为了剔除体重的影响，本研究采用去脂体重/体重指标，即每千克体重的去脂体重作为研究指标。

BMI是国际通用大样本肥胖测试的有效手段，简单实用，但BMI和身体脂肪含量因体成分构成的不同而不同，它无法评定体脂分布变

---

① 威尔莫尔，等. 运动生理学［M］. 4版. 王瑞元，汪军，译. 北京：北京体育大学出版社，2011：425.

② 高炳宏，赵秋蓉，薛朝. 中国优秀男子跆拳道运动员身体成分的研究［J］. 中国体育科技，2001，37（4）：22-23；25.

③ 邢文华，张东娜. 对六十名14岁男性中学生43项体质测试指标变异程度及其相互关系的综合研究［J］. 体育科学，1989，38（1）：20-30.

④ 冯炜权. 运动训练生物化学［M］. 北京：北京体育大学出版社，1998.

⑤ 邢文华. 14—15岁男女学生身体成分、机能和运动能力的研究［J］. 体育科学，1984（4）：14-19.

化。由 BMI 所评定的超重和肥胖，未区别肌肉和脂肪组织，因此并不能用来代表身体脂肪含量。而用去脂体重/体重指标，代表了体内去脂体重占体重的百分比，同时也可以很清晰地判断出体脂百分比含量。

4.2.1 男生去脂体重/体重指标变化特征

通过图 4-9 可以看出，四川广安和湖北潜江地区男生的去脂体重随年龄增长而逐渐增加。表 4-17 中，四川广安地区男生平均去脂体重从 6 岁时的 17.87kg 连续增加到 16 岁时的 54.73kg，湖北潜江地区男生平均去脂体重从 8 岁时的 23.48kg 连续增加到 14 岁时的 43.74kg，显示出两地区男生去脂体重随体重增加呈现增长趋势。

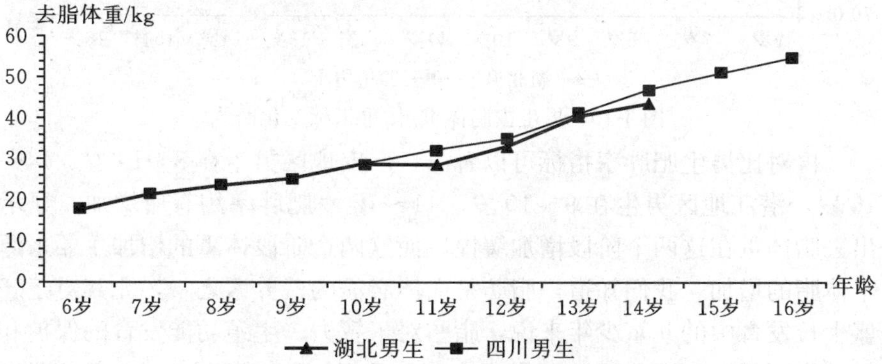

图 4-9 两地区男生去脂体重变化曲线

表 4-17 两地区男生去脂体重数据

体重/kg	6 岁	7 岁	8 岁	9 岁	10 岁	11 岁	12 岁	13 岁	14 岁	15 岁	16 岁
湖北男生			23.48	25.03	28.61	28.69	33.30	40.53	43.74		
四川男生	17.87	21.44	23.42	25.44	28.88	32.36	35.18	40.95	47.10	51.11	54.73

通过图 4-10 可以看出，两地区男生去脂体重/体重指标都出现上下波动，但总体呈上升趋势，也就意味着，在整个儿童少年时期，去脂体重/体重总体数值变大，表现出肌肉含量百分比的增加。具体表现为：四川广安地区男生在 6～8 岁增长明显，8～10 岁下降，10～12 岁出现小幅上升，13～14 岁出现迅速增长，之后又缓慢下降，呈现出一定的波动性；湖北潜江地区男生在 8～9 岁、10～11 岁、12～14 岁出现增长，在 9～10 岁、11～12 岁出现下降，也表现出了一定的波动性。因

此，可以清晰反映，广安地区男生在 8～10 岁、14～16 岁去脂体重/体重指标的下降和潜江地区男生在 9～10 岁、11～12 岁出现下降，是由于体重的增长速度大于去脂体重的增长速度。

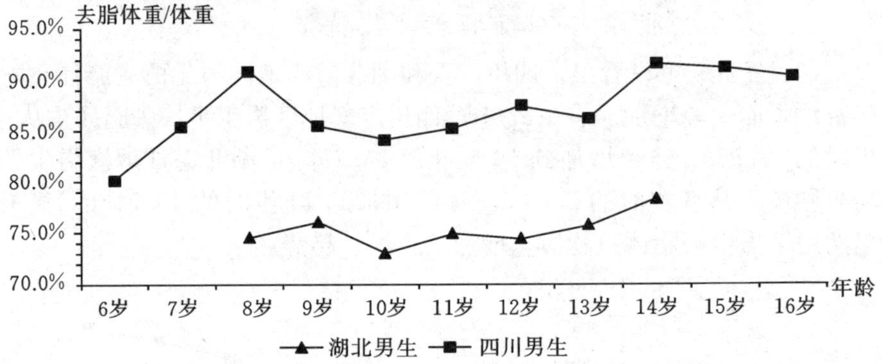

图 4-10　男生去脂体重/体重指标变化曲线

再对比男生肥胖率指标可以看出，广安地区男生在 8～10 岁、14～16 岁，潜江地区男生在 9～10 岁、11～12 岁肥胖率均有所增加，显示出去脂体重在这两个阶段增加缓慢，而这两个阶段体重的增加主要来源于体脂的增加。我们知道，脂肪是人体必需的营养素之一，尤其对于旺盛生长发育中的儿童少年来说，脂肪对于智力、生殖功能发育的保护和促进作用很大。因此两地区男生去脂体重/体重指数下降，是青春期发育过程中，人体自然的生理发展特征。研究表明，如果体脂过度增加，将严重影响人体正常的生理活动和运动能力的提高。同样也由于潜江地区男生肥胖率更高，虽然两地区去脂体重相差不大，但在男生去脂体重/体重指标上，四川广安地区明显优于湖北潜江地区。

从表 4-18 中四川广安地区男生去脂体重/体重指标变化来看，第一个上涨高峰期是 6～8 岁，去脂体重/体重指标从 80.13％提高到 90.85％，增长 10.72％，第二个高峰期出现在 10～14 岁，从 84.17％提高到 91.62％，虽然只增长 7.45％，但因为此时体脂百分比已经下降到 8.38％，远低于正常成年男性 14％～16％的体脂含量标准[①]。同样，

① 杨锡让，傅浩坚. 运动生理学进展：质疑与思考［M］. 北京：北京体育大学出版社，2000：181.

从潜江地区男生去脂体重/体重指标变化趋势来看，第一个上涨高峰期是 8～9 岁，去脂体重/体重指标从 74.59%提高到 76.13%，第二个高峰期出现在 12～14 岁，从 74.44%提高到 78.34%。因此，可以认为广安地区男生 6～8 岁、10～14 岁和潜江地区男生 8～9 岁、10～14 岁为去脂体重/体重指标的快速增长期。在去脂体重/体重指标的快速增长期，速度与力量素质也自然快速增长，在此阶段，通过有目的地施加适宜的体育锻炼，增加提高速度和力量的练习，能收到良好的效果。

表 4-18　两地区男生去脂体重/体重指标变化数据

去脂体重/体重（/%）	6 岁	7 岁	8 岁	9 岁	10 岁	11 岁	12 岁	13 岁	14 岁	15 岁	16 岁
湖北男生			74.59	76.13	72.99	74.94	74.44	75.73	78.34		
四川男生	80.13	85.39	90.85	85.44	84.17	85.26	87.45	86.20	91.62	91.16	90.32

男生体脂百分比随年龄增长总体表现为下降趋势，是由于青春发育期身高增长快于体重的增长，即纵向发育先于横向发育的发展规律所决定的。

4.2.2　女生去脂体重/体重指标变化特征

通过图 4-11 及表 4-19 发现，两地区女生去脂体重随着年龄增加呈持续增加趋势。四川广安地区和湖北潜江地区女生在 9～12 岁有明显增速趋势，表现为女生从青春发育期开始，去脂体重的增加与体重的快速增加有直接关系。

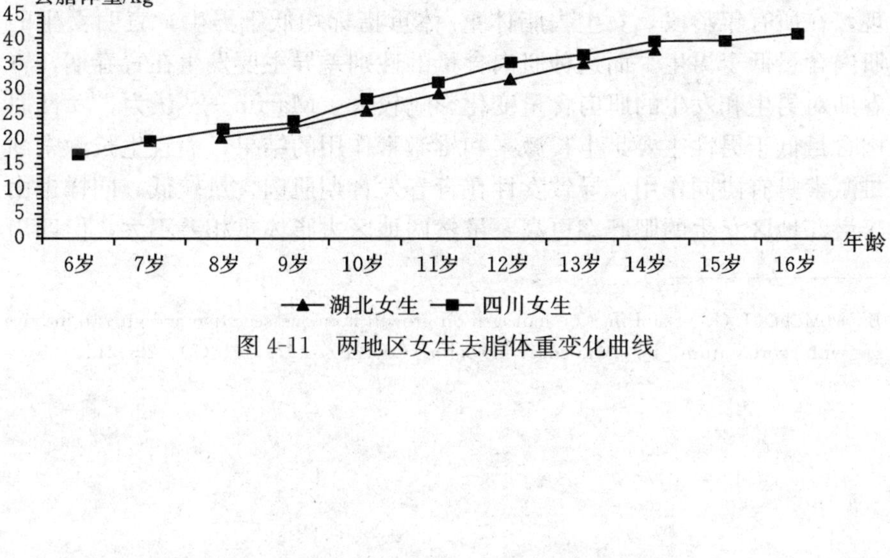

图 4-11　两地区女生去脂体重变化曲线

表 4-19 两地区女生去脂体重数据

去脂体重/kg	6 岁	7 岁	8 岁	9 岁	10 岁	11 岁	12 岁	13 岁	14 岁	15 岁	16 岁
湖北女生			20.16	22.43	25.52	29.01	31.63	35.10	37.75		
四川女生	16.74	19.26	21.84	23.18	27.88	31.09	35.15	36.83	39.29	39.42	40.81

通过图 4-12 可以看到，由于受到体内脂肪含量的影响，两地区女生并没有出现去脂体重/体重指标的持续增长，特别是在进入青春期中期，11 岁出现顶峰后，指标均呈现一定程度的下降，说明在此阶段体重的增长速度超过去脂体重的增长速度。而从两地区女生肥胖率变化可以看出，体重的增加主要是该阶段体脂含量增加的结果，说明青春发育期开始阶段，两地区女生在身高、体重快速增长的同时，伴有体脂含量的快速增长。

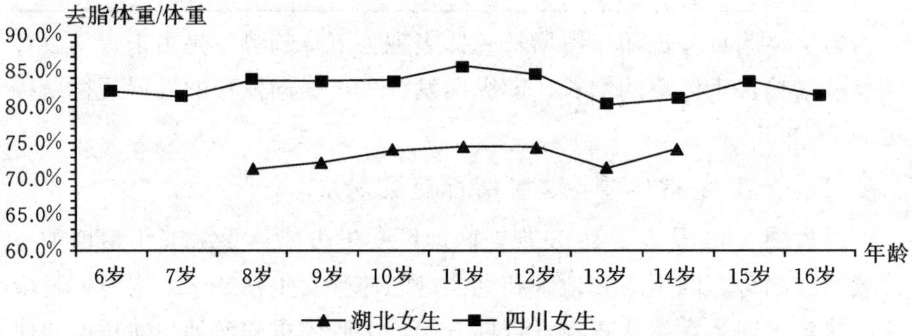

图 4-12 两地区女生去脂体重/体重指标变化曲线

通过表 4-18 和表 4-20 中两地区男女生去脂体重/体重指标对比发现，在所有年龄段，女生去脂体重/体重指标均低于男生，表明女生的肌肉含量低于男生。而这种肌肉含量的性别差异主要发生在青春期，青春期对男生和女生的肌肉含量变化影响较大。Martin 等[①]认为，女性肌肉含量低于男性主要是生长激素和雄激素作用的结果，而且生长激素和雄激素具有协同作用，导致女性在青春发育期肌肉含量较低。同样也由于潜江地区女生的肥胖率更高，虽然两地区去脂体重相差不大，但四川

① MARTIN L G，et al. Effect of androgen on growth hormone secretion and growth in boys with short stature [J]. Acta endocrinologica (Copenh)，1979，91 (2)：201-212.

广安地区女生的去脂体重/体重指标明显优于湖北潜江地区女生的去脂体重/体重指标。

表 4-20 两地区女生去脂体重/体重指标变化数据

去脂体重/体重（/%）	6岁	7岁	8岁	9岁	10岁	11岁	12岁	13岁	14岁	15岁	16岁
湖北女生			71.24	72.28	74.04	74.45	74.31	71.54	74.01		
四川女生	82.07	81.40	83.51	83.44	83.51	85.48	84.41	80.18	80.91	83.42	81.48

从两地区女生去脂体重/体重指标变化趋势来看，四川广安地区女生去脂体重/体重指标在 7～8 岁出现第一次上升，8～10 岁保持相对稳定，10～11 岁出现第二次上升，在 13～15 岁出现连续升高。三次指标增长的幅度分别为 2.11%、1.97%和 3.24%。湖北潜江地区女生去脂体重/体重指标在 8～10 岁和 13～14 岁出现上升。鉴于指标差异性不大，而且去脂体重/体重比例的增长，会提高相关运动能力，可以认为，四川广安地区女生的去脂体重/体重指标快速增长期在 7～8 岁、10～11 岁和 13～15 岁三个阶段，湖北潜江地区女生的去脂体重/体重指标快速增长期在 8～10 岁、13～14 岁这两个阶段。在快速增长期阶段，进行有目的的身体练习，可以有效促进某些运动素质的提高。因此，这些年龄区间也是提高女生某些身体素质的有利时机。

4.2.3 去脂体重/体重指标与身体素质敏感期的关系

对于绝大多数运动员来说，良好的肌肉力量和爆发力是提高运动能力的重要条件，体脂过多将降低运动速度，增加能量消耗，因而影响运动员肌力、爆发力、灵敏性及技术水平的发挥。去脂体重与去脂体重/体重指标的增长，将有效地提高肌肉比率，增强肌肉力量和提高速度。因此，利用去脂体重/体重指标的快速增长期，进行有针对性的体育锻炼，将能更好更快地促进儿童少年运动能力的提升。

在确定指标的快速增长期后，我们通过 50m 跑速度的变化趋势（如图 4-13、图 4-14、表 4-21、表 4-22）对比发现，四川广安地区男生在 6～8 岁，50m 跑成绩提高了 1.13s，占全程 50m 跑成绩变化率的 27.6%；在 10～14 岁，成绩提高了 1.63s，占全程 50m 跑成绩变化率的 39.9%。四川广安地区女生在 7～8 岁，50m 跑成绩提高了 0.28s，占全程 50m 跑成绩变化率的 10.83%；在 10～11 岁，50m 跑成绩提高了 0.22s，占全程 50m 跑成绩变化率的 8.53%；但在 13～15 岁，50m 跑成绩下降了 0.16s，出现了负增长。

表 4-21　男生 50m 跑成绩数据

成绩/s	6 岁	7 岁	8 岁	9 岁	10 岁	11 岁	12 岁	13 岁	14 岁	15 岁	16 岁
湖北男生			8.69	8.69	8.64	8.51	8.47	8.25	8.05		
四川男生	11.69	10.92	10.56	10.10	9.53	9.55	9.24	8.49	7.90	7.77	7.60

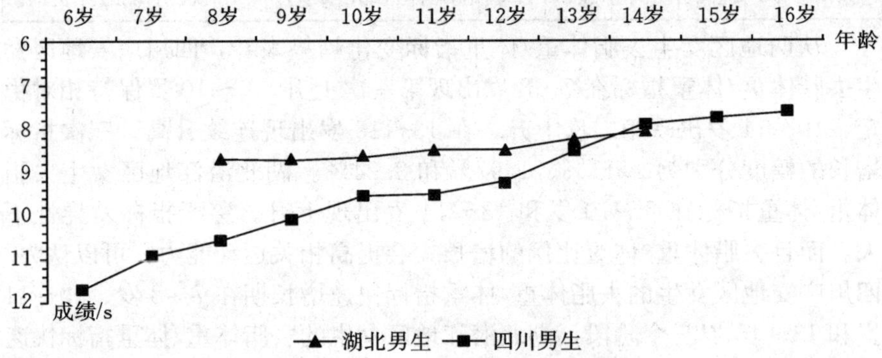

图 4-13　两地区男生 50m 跑成绩

表 4-22　女生 50m 跑成绩数据

成绩/s	6 岁	7 岁	8 岁	9 岁	10 岁	11 岁	12 岁	13 岁	14 岁	15 岁	16 岁
湖北女生			8.86	8.61	8.75	8.68	8.85	8.91	9.05		
四川女生	12.07	10.93	10.65	10.16	9.94	9.72	9.37	9.27	9.25	9.43	9.46

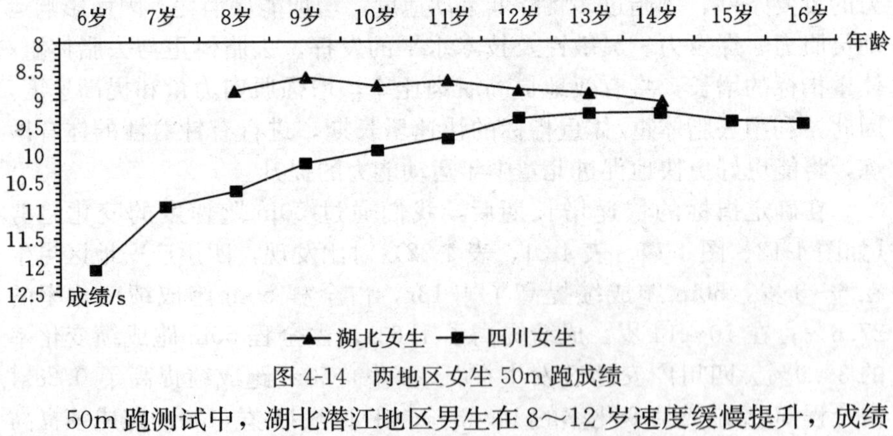

图 4-14　两地区女生 50m 跑成绩

50m 跑测试中，湖北潜江地区男生在 8～12 岁速度缓慢提升，成绩提高了0.22s，占全程50m跑成绩变化率的34.4%，在12～14岁成绩提升最快，50m跑成绩提高了0.42s，占全程50m跑成绩变化率的65.6%，湖北潜江地区女生在8～9岁，50m跑成绩提高了0.25s，而在其他阶段出现负增长。

从以上指标的变化率可以看出，在去脂体重/体重指标的快速增长期，两地区男生速度指标均有所提高，但广安地区女生在14～15岁，以及潜江地区女生在10岁后速度指标出现了下滑。

通过之前对比测试对象与全国同龄汉族学生平均身高、体重，同时对BMI指标和肥胖率进行研究，已经发现四川广安地区男女生均有不同程度的营养不良，整体表现为肌肉力量不足。这就说明虽然去脂体重/体重数值相对较高，但广安地区学生的骨骼肌其实并不发达。

而研究湖北潜江地区的学生发现，该地区学生营养良好，身体形态发育与全国同龄汉族学生平均水平持平，表现出男女生速度素质均明显高于广安地区。从两地区男女生的去脂体重/体重指标的对比来看，虽然广安地区的男女生指标高于潜江地区，但因为营养问题，导致身高、体重的差异，还表现出速度素质的不足。

同时，两地区男女生去脂体重/体重指标的不断增长，而与之相关的速度素质并没有同步提高，因此可以看出，在此阶段，体育锻炼的负荷和强度并没有有效促进肌肉的增长，男女生速度素质的提高更多的是人体发育自然增长的结果，显示出体育锻炼的不足。

研究表明①，15～16岁的运动员右手平均握力为42kg，而同龄普通少年右手平均握力仅34kg。对比观察，坚持2年以上业余体校训练的二—四年级女生右手握力平均年增长5.6kg左右，而同年级对照组女生右手握力年增长仅1.1kg。因此，在此阶段进行力量练习，可以有效增加肌肉体积和力量，提高肌肉做功效率。

通过对体育课程教学内容的情况调查（见表4-23和表4-24），广安地区小学阶段的体育课程安排还是比较全面的。小学一—六年级阶段，关于跑的练习比重占到了9.8%～14.7%，跳跃类也占到了相同比重。中学阶段走和跑的比重上升到了18.8%，跳跃所占比重也达到了

① 王瑞元．生理学（供康复治疗专业用）[M]．北京：人民卫生出版社，2008：368.

10.6%。应该说教学内容的安排对于儿童少年速度素质的提高有一定帮助，特别是小学一二年级体育课总课时相对较高，加上每天30分钟大课间活动时间，在一定程度上可以提高学生的速度素质。

但在调查中，也发现广安地区高中阶段体育课程以学生自我爱好和选修为主，男生更喜欢球类项目，占前五位的为篮球、排球、足球、轮滑以及羽毛球项目，比例达78.5%；而女生更偏重技巧类项目，前三位分别为健美操、跳皮筋、乒乓球项目，比例为78.2%（见表4-25）。有针对性的速度素质和技术练习更是缺乏，这也可能是造成13～15岁儿童少年速度素质下降的原因之一。

表4-23 四川广安地区小学阶段体育课程教学内容统计表（百分比）

年龄/岁	年级	总课时/节	基本常识	队列+广播操	跳跃	走和跑	技巧（垫上）	球类	投掷	跳绳	武术
6～	一	136	11.8	13.3	14.7	14.7	5.9	17.6	14.7	7.4	
7～	二	136	11.8	13.3	14.7	14.7	5.9	17.6	14.7	7.4	
8～	三	102	0.0	3.9	9.8	9.8	3.9	33.4	9.8	3.9	9.8
9～	四	102	15.7	3.9	9.8	9.8	3.9	33.4	9.8	3.9	9.8
10～	五	102	15.7	3.9	7.9	9.8	7.8	41.2	9.8	3.9	
11～	六	102	15.6	3.9	7.9	9.8	7.9	43.1	7.9	3.9	

表4-24 四川广安地区初中阶段体育课程教学内容统计表（百分比）

年龄/岁	年级	总课时/节	基本常识	队列+广播操	跳跃	走和跑	技巧（单双杠）	球类	投掷	武术	素质练习
12～	七	101	12.9	7.0	7.9	18.8	5.9	35.7	4.9	4.9	2.0
13～	八	99	12.1	9.1	6.1	14.1	8.1	38.3	4.1	6.1	2.0
14～	九	95	8.4	8.4	10.6	21.1	11.6	24.2	4.2	5.2	6.3

表4-25 四川广安地区高中阶段学生选修项目内容统计表（百分比）

性别	篮、排、足球	乒乓球	羽毛球	游泳	游戏（皮筋、毽子）	短跑	长跑	轮滑	投掷	体操	健美操	素质	其他
男	38.1	5.6	15.4	4.3	5.2	2.6	0.7	25	0.0	0.2	0.4	1.8	0.7
女	4.2	11.6	6.8	3.2	32.1	1.2	1.3	3.2	0.0	0.4	34.5	1.3	0.2

同样，通过表 4-26 和表 4-27 中湖北潜江地区的体育课程安排发现，球类项目安排明显较多。湖北潜江地区小学阶段体育课程安排中走、跑和跳跃都比四川广安地区要多；在初中阶段，虽然走、跑、跳跃等运动都少于四川广安地区，但球类练习和身体素质的练习均远高于四川广安地区。这对于提升学生的速度素质有积极的影响。

表 4-26 湖北潜江地区小学阶段体育课程教学内容统计表（百分比）

年龄/岁	年级	总课时/节	基本常识	队列+广播操	跳跃	走和跑	技巧（垫上）	球类	投掷	跳绳	武术
9～	四	114	13.0	2.4	13.8	12.1	4.9	37.2	9.6	3.8	3.2
10～	五	114	9.4	3.1	12.2	10.2	7.2	45.1	6.4	4.2	2.2
11～	六	114	9.2	2.6	12.6	9.8	7.5	46.3	5.3	4.9	1.8

表 4-27 湖北潜江地区初中阶段体育课程教学内容统计表（百分比）

年龄/岁	年级	总课时/节	基本常识	队列+广播操	跳跃	走和跑	技巧（单双杠）	球类	投掷	武术	素质练习
12～	七	111	9.6	6.2	6.9	13.6	6.9	45.5	6.8	1.5	3.0
13～	八	111	9.6	7.8	7.2	14.2	5.1	46.8	3.9	0.9	4.5
14～	九	111	9.0	5.6	8.3	12.1	6.8	47.6	3.2	0.6	6.8

本研究结果也和周丽琼[①]对湖北省荆州市 8 所小学体育课程内容分析一致，表明小学有少数体育课程内容的选择是比较科学的，但是多数课程内容还未做到与学生身体发育的敏感期紧密关联，没有根据学生所处的年龄阶段优先安排适合发育特征的体育课程内容；学校体育课执行力不强；课外体育活动开展的局限性等很多因素制约了学校体育和学生身体素质的健康发展。

4.2.4 速度素质练习对策

我们知道，速度取决于动作频率和动作幅度。速度素质发展的快速增长期早，特别是神经肌肉协调性和肌肉快速收缩能力发展的敏感期均在儿童少年时期，而动作频率受先天遗传因素影响较大，通过后天提高

① 周丽琼．身体素质敏感期与小学体育课程内容选择的研究［D］．荆州：长江大学，2013.

的空间不大，因此，对 7～11 岁儿童少年的速度训练，应该以训练反应速度、动作速度和动作频率为重点。充分利用反应速度快速增长期，利用一切能提高反应速度、动作速度和动作频率的手段和方法进行练习，并在练习中采用适当的手段调动、提高和保持儿童少年对练习的兴趣和积极性，避免练习过程中因为疲劳而产生的不良影响。主要可以采用综合训练法，基本训练手段包括：规则简单的活动性游戏，各种球类活动，分段落的跑、接力练习，各种跳跃练习，以及体操和技巧练习等。

12～16 岁的儿童少年由于反应速度受遗传因素的影响较大，很难有较大的提升空间，但男生在 13～14 岁、女生在 14～15 岁均处于位移速度增长的相对平稳时期，意味着这个时期速度发展具有很大的上升空间，而这个时期的增长主要受性激素和生长激素双重影响。研究表明①，青春发育是性激素与生长激素相结合产生生长突增的特征，此时骨骼生长和成熟完全依赖于这两类激素的共同作用。因此，该阶段要在力求稳定已经获得的动作速度和动作频率的前提下，采用提高速度力量和肌肉最大力量的练习来促进速度素质的提高。要注意充分利用多种手段来发展速度、力量素质，依靠速度、力量来提高动作频率和移动速度。同时还要增强柔韧性练习。主要方法如各种负重状态下的静力或动力性混合练习、各种跑的专门练习，包括中短距离的加速跑，改进跑的技术，并发展各种灵活性的球类活动。

4.2.5 小结

两地区男女生在 6～16 岁，去脂体重均表现为随着年龄的增加而持续增加。四川广安地区男生去脂体重/体重指标快速增长期在 6～8 岁和 10～14 岁阶段，湖北潜江地区男生 8～9 岁、12～14 岁为去脂体重/体重指标的快速增长期，四川广安地区女生去脂体重/体重指标快速增长期在 7～8 岁、10～11 岁和 13～15 岁，湖北潜江地区女生的去脂体重/体重指标快速增长期在 8～10 岁、13～14 岁这两个阶段。但两地区男女生去脂体重/体重指标在不同年龄段出现下降，是因为这些阶段体重

① 潘复平，徐苏恩，张国栋，等.214 名青少年血清生长激素与骨龄及生长突增高峰的相关[J]. 上海第一医学院学报，1984 (5)：357-360.

指标的增长速度高于去脂体重的增长速度，而通过男女生肥胖率的变化可以看出，体重的增长主要来源于体脂含量的增加。这就提醒我们，在此阶段加强体育锻炼，将有效降低脂肪的增长速度，增加体重中去脂体重的比例，防止过度肥胖的发生。同时也提醒我们，此时期蛋白质等营养物质的充足摄入，对儿童少年的身体健康、体质增强有极大帮助。

4.3 心脏功能与身体素质敏感期的关系

心脏形态的遗传度高达 82%①。心脏的泵血功能与其形态结构一样，也存在快速增长期，并且与心脏形态结构的变化趋势一致②。儿童少年耐力水平的高低、体力的好坏与其心脏功能水平的高低有着密切的联系。同龄男女在左室舒末内径、室间隔厚度和左室后壁厚度等结构上的差异，最终会造成男女在每搏输出量、每搏量指数、每分输出量、射血分值和小轴缩短率等功能上的显著差异③。

对心脏功能的研究主要通过超声心动图检测来进行，所包括的形态结构指标有：室间隔舒张期厚度（IVSd）、室间隔收缩期厚度（IVSs）、左心室收缩期后壁厚度（LVPWs）、左心室舒张期后壁厚度（LVPWd）、左心室舒张末期内径（LVDd）、左心室收缩末期内径（LVDs）及主动脉内径（AOD）。左心室功能指标有：左心室舒张末期容积（EDV）、左心室收缩末期容积（ESV）、心率（HR）、每搏输出量（SV）、射血分数（EF%）、左心室短轴缩短率（FS%）、心输出量（CO）等。

4.3.1 不同年龄和性别儿童的心脏形态结构指标比较

从表 4-28 可以看出，广安地区 7～8 岁和 9～10 岁男生心脏的形态结构指标，如室间隔舒张期厚度（IVSd）、室间隔收缩期厚度（IVSs）、左心室舒张期内径（LVIDd）、左心室收缩末期内径（LVDs）、左心室

① 曾凡辉，王路德，邢文华．运动员科学选材［M］．北京：人民体育出版社，1992：19-20.

② 张瑛秋．青春发育突增期（高峰年龄）不同发育类型学生体质特征及健康促进［D］．北京：北京体育大学，2002.

③ 乔志源，王安利．201 例优秀少年足球运动员左心室功能的超声心动图分析［J］．中国运动医学杂志，1984（4）：218-224.

舒张期后壁厚度（LVPWd）、主动脉内径（AOD）均大于该地区同龄女生，但差异无统计学意义（$p>0.05$）；11～12 岁和 13～14 岁女生心脏的形态结构指标 IVSd、IVSs、LVPWd、AOD 明显低于男生（$p<0.05$ 或 $p<0.01$），但 LVIDd、LVDs、左心室后壁收缩期厚度（LVPWs）无明显差异（$p>0.05$）。

表 4-28　广安地区男女生的心脏形态结构指标比较　（单位：mm）

性别	年龄	IVSd	IVSs	LVIDd	LVDs	LVPWd	LVPWs	AOD
男	7～8	6.64±0.60	8.74±1.35	36.42±3.53	21.83±2.70	6.82±0.88	7.67±1.13	18.93±1.92
	9～10	7.76±2.21	8.78±1.38	36.42±4.11	23.40±3.85	7.31±0.96	7.93±1.30	19.35±1.86
	11～12	7.85±2.03**	10.23±2.26**	37.23+5.21	23.69±4.60	8.25±2.37*	9.80±2.68**	22.48±2.73**
	13～14	8.56±1.76	12.10±2.98	38.34±5.49&&	23.73±5.28	9.85±2.92&&	11.66±3.56&&	23.51±2.08&
女	7～8	5.75±1.02	8.04±1.84	34.62±2.68	20.40±2.84	5.21±0.81	7.43±0.86	17.21±1.51
	9～10	7.66±2.84	8.46±1.84##	35.64±3.41	22.67±2.89##	7.08±1.08##	7.90±1.07	19.10±1.24##
	11～12	7.68±1.31	8.96±1.91	36.74±4.09	23.09±4.07	7.28±1.45	9.17±1.93**	20.49±2.64**
	13～14	7.70±1.68	10.33±2.39&&	38.25±3.24&	23.87±3.73	8.13±1.93&&	10.89±2.69&&	22.37±2.69&&

注：##：$p<0.01$；9～10 岁组与 7～8 岁组相比。*：$p<0.05$，**：$p<0.01$；11～12 岁组与 9～10 岁组相比。&：$p<0.05$，&&：$p<0.01$；13～14 岁组与 11～12 岁组相比。

分析广安地区不同年龄的男生心脏形态结构指标（图 4-15）得出，9～10 岁组心脏形态结构各项指标均高于 7～8 岁组，但无显著性差异（$p>0.05$），11～12 岁组心脏形态结构指标 IVSd、IVSs、LVPWd、LVPWs、AOD 均明显高于 9～10 岁组（$p<0.05$ 或 $p<0.01$），13～14 岁组心脏形态结构仍在继续发育，IVSs、LVPWd、LVPWs、AOD 明显高于 11～12 岁组（$p<0.05$ 或 $p<0.01$）。

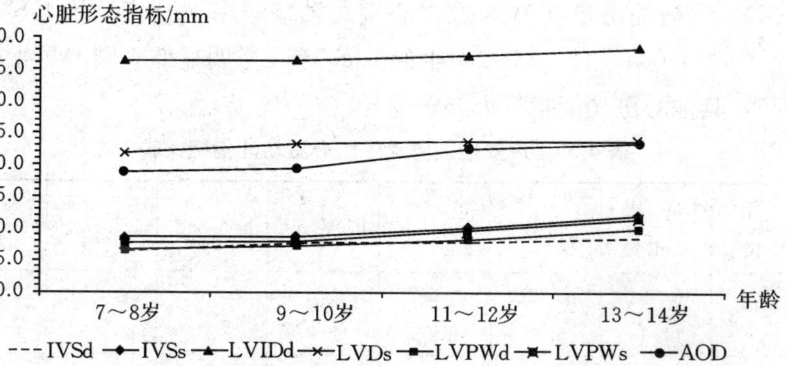

图 4-15 广安地区不同年龄男生心脏形态结构指标比较

分析广安地区不同年龄女生心脏形态结构指标（图 4-16）得出，9～10 岁组心脏形态结构指标 IVSd、LVDs、LVPWd、AOD 均明显高于 7～8 岁组（$p<0.01$），11～12 岁组 LVPWs 和 AOD 指标明显高于 9～10 岁组（$p<0.01$），而 13～14 岁组心脏形态结构指标出现第 2 个发育高峰，IVSs、LVIDd、LVPWd、LVPWs、AOD 均明显高于 11～12 岁组（$p<0.05$ 或 $p<0.01$）。

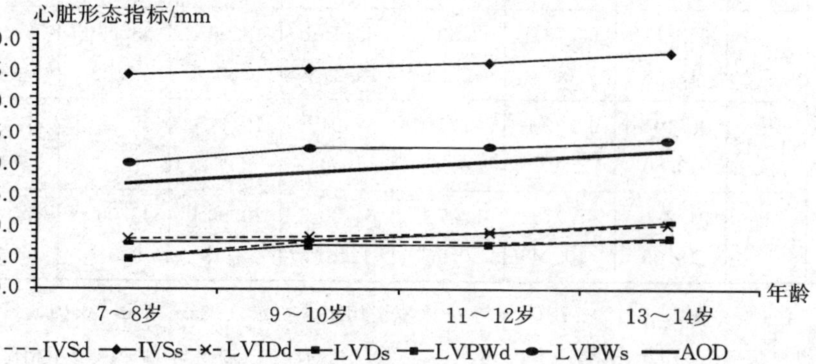

图 4-16 广安地区不同年龄女生心脏形态结构指标比较

4.3.2 不同年龄和性别儿童的心脏功能指标比较

由表 4-29 可以看出，广安地区 7～8 岁和 11～12 岁这两个年龄段女生与男生心脏功能指标中，心率（HR）、射血分数（EF%）、心输出量（CO）、左心室舒张末期容积（EDV）、左心室收缩末期容积

(ESV)、每搏输出量（SV）及左心室短轴缩短率（FS%）均无显著性差异（$p>0.05$），13～14 岁女生的 EDV 和 SV 明显低于同龄男生（$p<0.05$），其他心脏功能指标无显著差异（$p>0.05$）。

表 4-29　广安地区男女生的心脏功能指标比较

性别	年龄	HR/（次·min^{-1}）	EF%	CO/（L·min^{-1}）	EDV/mL	ESV/mL	SV/mi	FS%
男	7～8	98.39±11.14	71.36±5.84	3.53±1.02	56.75±12.78	16.28±5.24	36.67±4.95	40.08±4.95
	9～10	97.52±12.57	65.66±8.55##	3.59±0.99	56.67±15.66	19.74±7.67##	37.05±10.52	35.72±6.39##
	11～12	96.74±13.85	66.15±9.36	3.75±1.20	60.34±19.48	20.83±9.24	39.52±10.76	36.38±7.50
	13～14	91.98±13.29	68.51±9.74	4.05±1.37	65.17±19.20	21.32±8.33	43.83±12.91	38.32±7.56
女	7～8	99.45±11.82	72.57±7.48	3.26±0.73	49.86±9.24	13.73±4.78	36.11±7.27	41.20±6.38
	9～10	92.71±13.76	66.78±7.08##	3.53±0.99	53.76±12.29##	18.00±5.69##	35.95±9.02	36.45±5.28##
	11～12	96.19±13.80	67.72±9.03	3.72±0.97	58.04±15.04	19.11±5.84	38.96±9.78	37.47±7.00
	13～14	94.22±13.06	67.77±10.04	3.97±0.95	64.00±12.67&	20.96±8.13	43.09±9.34&	37.67±7.35

注：##：$p<0.01$，9～10 岁组与 7～8 岁组相比。*：$p<0.05$，**：$p<0.01$，11～12 岁组与 9～10 岁组相比。&：$p<0.05$，&&：$p<0.01$，13～14 岁组与 11～12 岁组相比。

分析广安地区不同年龄男生心脏功能指标（图 4-17）得出，7～8 岁组 EF%和 FS%值明显高于 9～10 岁组（$p<0.01$），ESV 明显低于 9～10 岁组（$p<0.01$），其余心脏功能指标无明显差异（$p>0.05$）；11～12 岁组和 13～14 岁组心脏功能各项指标分别较 9～10 岁组无明显差异（$p>0.05$）。

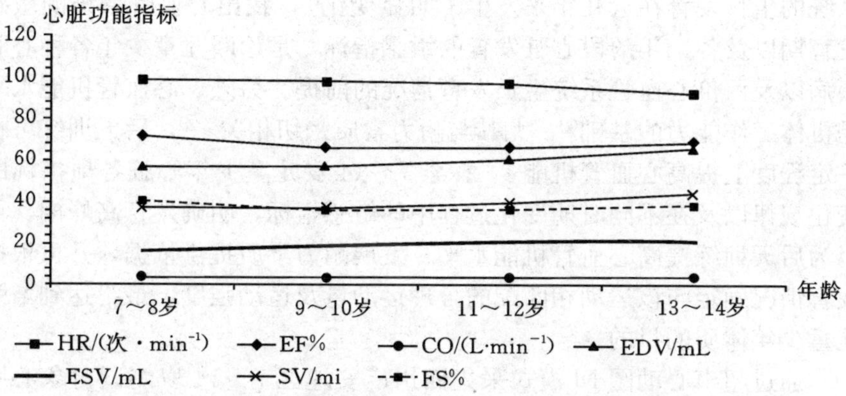

图 4-17 广安地区不同年龄男生心脏功能指标

分析广安地区不同年龄女生心脏功能指标（图 4-18）得出，9～10 岁组心脏功能指标 EF%、EDV 和 ESV 均明显高于 7～8 岁组（$p<0.01$），而 FS%明显小于 7～8 岁组（$p<0.01$）；11～12 岁组较 9～10 岁组心脏功能各项指标均无明显差异（$p>0.05$）；13～14 岁组心脏功能出现第 2 个发育高峰期，EDV 和 SV 明显高于 11～12 岁组（$p<0.05$）。

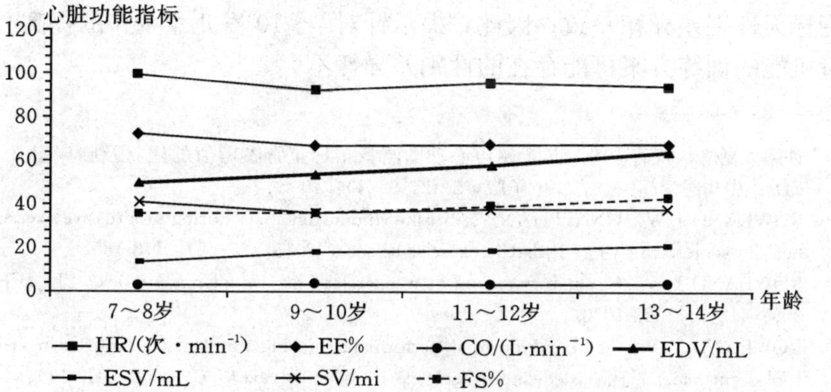

图 4-18 广安地区不同年龄女生心脏功能指标

4.3.3 儿童少年心脏形态结构功能发育特点分析

随着人们生活水平的提高以及饮食结构的改变，正常儿童的心血管系统的生长发育在近几年来发生了明显变化[①]，找出心血管系统的敏感发育期以及各个年龄段心脏发育的敏感指标，是诊断儿童少年各种心脏疾病以及评价心血管系统生长发育情况的前提。另外，心血管机能水平是机体工作能力的基础[②]，尤其与耐力素质密切相关[③④]，后天训练可在一定程度上提高心血管机能[⑤]。探索 7～14 岁儿童少年心脏各项指标的变化规律以及在不同时期变化过程中的敏感指标，明确发育高峰期，可以为后天训练提高心血管机能水平、发展耐力素质提供依据，并可根据发育情况确定与该运动相匹配的合理运动量及运动强度，最终达到增强儿童少年体质的目的。

通过超声心动图 M 模式采集四川广安地区 7～14 岁测试对象心脏各项指标数据，分析 7～14 岁年龄段儿童少年的心脏生长发育特点，并且筛选出评价的敏感指标。结果显示广安地区 7～10 岁男生心脏形态结构以及功能指标与该地区女生相比无明显差异（$p>0.05$），提示 7～10 岁年龄段儿童少年心脏各项指标无明显性别差异。虽然许娜等研究报道的心脏超声正常测值中有男性大于女性的趋势，但这种性别差异在儿童期不明显，因此，判定 7～10 岁儿童少年的心脏检查指标及心脏发育指标时无须区别性别。另外，Rowland 等学者[⑥]报道，在儿童少年早期，在力竭实验中心脏工作能力也是没有性别差异的，这与其心脏结构功能指标无性别差异相一致；因此，提示针对 7～10 岁儿童少年的提高心血管机能的训练方案可能存在的性别差异性不大。

---

① 许娜，夏焙，周蔚，等. 儿童超声心动图测量指标正常参考值的建立及临床意义［J/CD］. 中华医学超声杂志：电子版，2012，9（1）：40-49.

② ROWLAND T W，UNNITHAN V. Stroke volume dynamics during progressive exercise in healthy adolescents［J］. Pediatric exercise science，2013，25（2）：173-185.

③ ROWLAND T W. Circulatory responses to exercise：are we misreading fick?［J］. Chest，2005（127）：1023-1030.

④ ROWLAND T W，et al. Myocardial performance during progressive exercise in athletic adolescent males［J］. Medicine & science in sport & exercise，2009，41（9）：1721-1728.

⑤ ROWLAND T W，et al. Time-of-day effect on cardiac responses to progressive exercise［J］. Chronobiology international，2011，28（7）：611-616.

⑥ ROWLAND T W，et al. Sex influence on myocardial function with exercise in adolescents［J］. American journal of human biology，2010，22（5）：680-682.

但是，广安地区 11～14 岁男生心脏形态结构指标明显高于该地区同年龄段的女生（$p<0.05$ 或 $p<0.01$），此结果同李靖研究报道一致，发现以 IVSd、IVSs、LVPWd、AOD 明显增高为主，主要表现为心肌壁的增厚和主动脉内径的增加，促使心脏收缩力的增加及供血效率的提高。广安地区 13～14 岁男生心脏功能明显大于该地区同年龄段的女生，以 EDV 和 SV 增高为主。SV 增高是 CO 增加的主要贡献者，是改变心脏功能的关键指标①。SV 主要由心脏交感神经控制，其增高是通过增加前负荷、减小后负荷来实现的②。本实验研究发现，广安地区 13～14 岁男生 SV 明显高于该地区同年龄段的女生，与其 EDV 增加以及结构指标中心肌壁的增厚是密切相关的；Pettersen 等提出随年龄增长，这种性别上的差异要在青春期发育之后突显出来，年龄大于 16 岁者，才需要建立与性别相关的正常值。此结果与本实验结果不相符，考虑可能是随着生活水平提高，饮食习惯改变，儿童少年生长发育逐渐提前造成的。

针对儿童少年不同年龄段心脏形态结构以及功能指标发育敏感指标筛选，目前尚未找到研究文献。通过对不同年龄段男生心脏形态结构指标及心脏功能指标的比较发现，心脏形态结构的发育从 11～12 岁开始，并持续到 13～14 岁，以 IVSd、IVSs、LVPWd、LVPWs、AOD 增高为主，心脏功能指标从 9～10 岁开始，在 11～14 岁各指标有上升趋势，但无明显差异，以 EF%、ESV 和 FS% 变化为主。

通过对广安地区不同年龄段女生心脏形态结构指标及心功能指标的比较发现，心脏形态结构的发育从 9～10 岁开始，并且在 13～14 岁出现另一个发育高峰期，提示广安地区女生心脏形态结构发育呈现双峰状态，敏感指标为 IVSd、LVIDs、LVPWd、AOD。心脏功能指标发育趋势与形态结构指标一致，9～10 岁和 13～14 岁是两个发育高峰，敏感指标为 EF% 、EDV、ESV 和 SV，此结果较前期报道的儿童少年发

① ROWELL L B，O'LEARY D S，KELLOGG D L. Integration of cardiovascular control systems in dynamic exercise [M]. New York：Oxford University Press，1996：771-781.

② FUKUTA H，LITTLE W C. The cardiac cycle and the physiological basis of left ventricular contraction，ejection，relaxation，and filling [J]. Heart Failure Clinics，2008 (4)：1-11.

育期三个阶段及发育特点有些差异①，发育年龄普遍提前，提示我国少年儿童的心血管系统随社会经济的发展得到改善，其平均生长发育年龄早于以往的年代，结论与李香华等②研究结果一致，这提示进行心血管功能提高的运动训练可能也要提前大约2～3年开始。

总的来说，一是心脏形态结构从11岁开始，功能从13岁开始出现性别差异。二是男生的心脏功能指标发育从9～10岁开始，而形态结构指标发育从11～12岁开始，功能指标发育早于形态结构指标，而女生两者同步发育，且分别在9～10岁及13～14岁出现发育高峰，呈现双峰状态。三是评价儿童青少年心脏形态结构发育的敏感指标为IVSd、LVPWd、AOD；评价功能指标发育的敏感指标为EF%和ESV。

4.3.4 男生每搏输出量特征

从表4-30和图4-19可以看出，两地区男生每搏输出量随年龄的增长基本呈现上升趋势，但各阶段的变化各有特点。四川广安地区男生的每搏输出量，第一阶段为6～8岁，属于缓慢上升阶段；第二阶段为9～14岁，是快速增长阶段；第三阶段为14岁之后，出现小幅波动。从第二个快速增长阶段来看，9～14岁，每搏输出量增加22.41mL，占6～16岁整个每搏出增长率的83.1%。通过分析，我们认为广安地区男生9～14岁每搏输出量上涨幅度最大，而且14岁每搏输出量已经接近成人正常值的85%（按正常值70mL计算），可以认定9～14岁为四川广安地区男生每搏输出量的快速增长期。

湖北潜江地区男生，每搏输出量在8～11岁有所下降，而在11～14岁出现大幅增长，尤其是在11～13岁阶段，每搏输出量增加25.22mL。通过分析数据，我们认为潜江地区男生11～13岁每搏输出量上涨幅度最大，可以认定11～13岁为湖北潜江地区男生每搏输出量的快速增长期。每搏输出量的快速增长，意味着在此阶段，儿童有氧工

① 王瑞元，苏全生．运动生理学［M］．北京：人民体育出版社，2012.

② 李香华，张一农，李永红．儿童少年生长发育趋势研究［J］．中国临床康复，2002，6（7）：1004-1009.

作能力的大幅度提高。因此，在此阶段进行耐力素质练习，对提高男生耐力素质能起到积极的推动作用。通过对比发现，四川广安地区男生每搏输出量均高于湖北潜江地区男生，在9～12岁存在显著性差异，这可能与地区差异有关，有待进一步研究。

表 4-30 两地区男生每搏输出量指标变化数据

每搏输出量/mL	6岁	7岁	8岁	9岁	10岁	11岁	12岁	13岁	14岁	15岁	16岁
湖北潜江男生			33.60	29.13	28.98	21.41	32.75	46.63	48.93		
四川广安男生	32.50	37.67	38.96	36.97	41.57	47.37	44.50	51.96	59.38	55.27	59.46

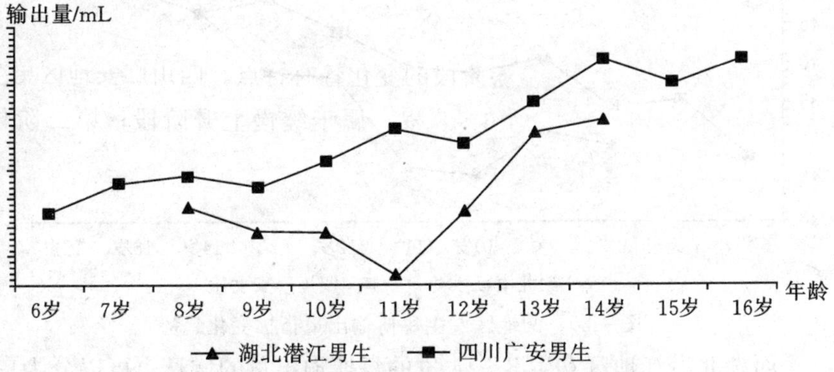

图 4-19 两地区男生每搏输出量指标变化趋势

4.3.5 女生每搏输出量特征

从表4-31和图4-20可以看出，两地区女生每搏输出量也随年龄的增长呈逐年递增趋势。四川广安地区6～16岁女生每搏输出量的增长可以分为三个阶段。第一阶段，6～9岁，青春发育前，每搏输出量基本保持上升趋势。第二阶段，经过9～11岁的平缓期后，在11～14岁进入快速增长期，并且在13岁出现高峰值。第三阶段14～16岁出现第二次快速增长。通过对比发现，11～13岁时广安地区女生每搏输出量上升8.48mL，占整个每搏出量增长率的35.8%；14～16岁时增长值占整个增长率的23.6%。同时在13岁时，每搏输出量已经达到成人每搏输出量的69%（按正常值70mL计算），因此，我们可以认为，11～13岁为广安地区女生每搏输出量的快速增长期。

表4-31　两地区女生每搏输出量指标数据

每搏输出量/mL	6岁	7岁	8岁	9岁	10岁	11岁	12岁	13岁	14岁	15岁	16岁
湖北潜江女生			29.6	31.41	25.96	26.81	38.11	38.9	46.41		
四川广安女生	28.25	35.55	34.53	40.52	38.88	39.55	44.00	48.03	46.35	49.42	51.96

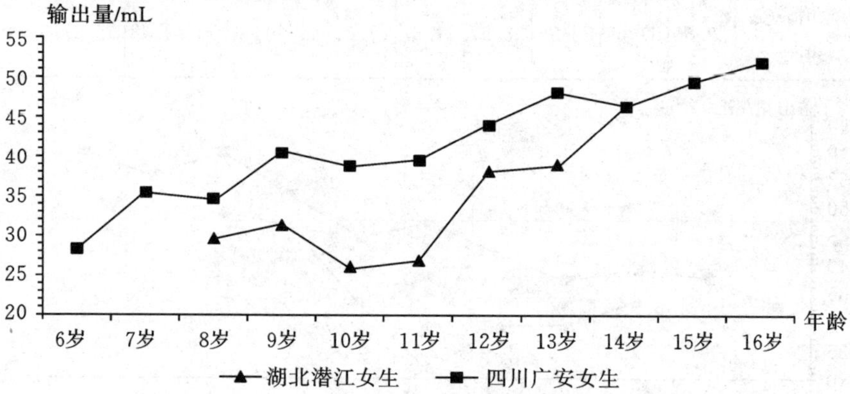

图4-20　两地区女生每搏输出量指标变化趋势

而湖北潜江地区女生8～14岁的每搏输出量的增长也可以分为三个阶段：第一阶段在8～9岁青春发育前，每搏输出量缓慢上涨；第二阶段在9～11岁，每搏输出量出现负增长；第三阶段，11～14岁，每搏输出量快速增长。通过对比发现，潜江地区11～12岁女生每搏输出量上升11.3mL，占整个每搏输出量增长率的67.2%，因此，我们可以认为，11～12岁为潜江地区女生每搏输出量的快速增长期。那么，11～13岁也就是女生有氧能力快速增长的阶段，同时也就意味着在这个阶段有目的地增加耐力练习，可以有效促进耐力素质的提高。

通过对比发现，四川广安地区女生每搏输出量均高于湖北潜江地区女生，在9～11岁存在显著性差异，与男生表现一致，很可能与四川广安地区海拔比湖北潜江地区海拔高有关。与井静等①研究结论"随着海拔高度的增加，中青年男性每搏输出量参考值升高"一致。

4.3.6 每搏输出量与身体素质敏感期的关系

测试对象耐力跑成绩如表 4-32、表 4-33 和图 4-21、图 4-22 所示，对两地区 6～11 岁男女生进行 50m×8 往返跑测试，对两地区 12～16 岁男生进行 1000m 跑、女生进行 800m 跑测试，结果均表现出随年龄增长，耐力跑成绩逐渐提高。

表 4-32 两地区男生耐力跑成绩变化数据

成绩/s	6 岁	7 岁	8 岁	9 岁	10 岁	11 岁	12 岁	13 岁	14 岁	15 岁	16 岁
湖北潜江男生 400m			105.5	104.4	103.4	96.9					
四川广安男生 400m	144.0	128.6	126.2	127.9	119.8	113.5					
湖北潜江男生 1000m							283.3	266.8	267.1		
四川广安男生 1000m							342.7	312.5	251.8	260.4	250.3

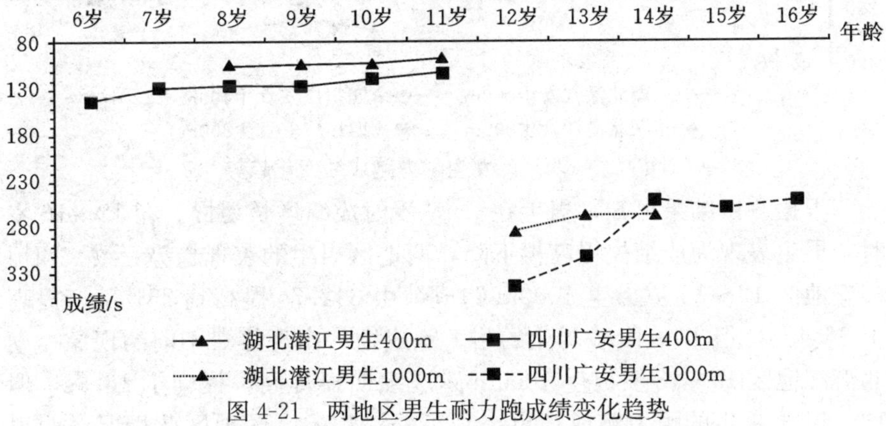

图 4-21 两地区男生耐力跑成绩变化趋势

① 井静，葛森，向思亭，等．中青年男性每搏输出量参考值与地理环境的关系［J］．吉林大学学报（医学版），2010，36（6）：1171-1174.

表 4-33 两地区女生耐力跑成绩变化数据

成绩/s	6 岁	7 岁	8 岁	9 岁	10 岁	11 岁	12 岁	13 岁	14 岁	15 岁	16 岁
湖北潜江女生 400m			103.8	106.1	99.8	94.1					
四川广安女生 400m	147.5	132.3	127.6	124.40	119.7	115.1					
湖北潜江女生 800m							261.5	254.7	261.3		
四川广安女生 800m							277.4	245.5	230.2	238.7	239.3

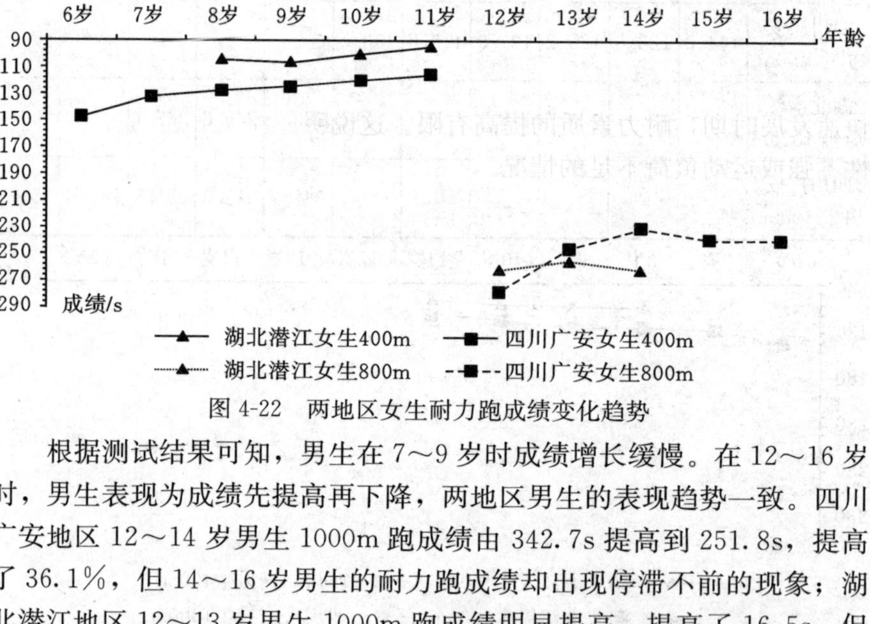

图 4-22 两地区女生耐力跑成绩变化趋势

根据测试结果可知，男生在 7～9 岁时成绩增长缓慢。在 12～16 岁时，男生表现为成绩先提高再下降，两地区男生的表现趋势一致。四川广安地区 12～14 岁男生 1000m 跑成绩由 342.7s 提高到 251.8s，提高了 36.1％，但 14～16 岁男生的耐力跑成绩却出现停滞不前的现象；湖北潜江地区 12～13 岁男生 1000m 跑成绩明显提高，提高了 16.5s，但 13～14 岁男生的耐力跑成绩也出现了停滞现象。两地区此情况说明男生在每搏输出量的快速增长期耐力跑成绩有提高，但对于依旧处于青春发育高峰期的男生来说，还是反映出运动能力不足的问题。

虽然四川广安地区男生每搏输出量均高于湖北潜江地区男生，两地区 9～12 岁男生的每搏输出量存在显著性差异，但四川广安地区男生的耐力跑成绩却不如湖北潜江地区男生优秀，且无显著性差异。

从耐力跑测试成绩看，女生在 6～11 岁的平均成绩稳定增长。在 12～16 岁，表现为成绩先提高再下降，两地区女生的耐力跑成绩表现趋势一致。四川广安地区 11～13 岁女生中，12～13 岁（11 岁测试 50m×8 往返跑）成绩提高了 12.9%，但 14～16 岁女生的成绩出现下滑，反映了女生在此阶段也存在耐力练习不足的现象。

潜江地区女生耐力跑成绩在 9～11 岁增长明显，400m 跑成绩提高 12s，但在初中阶段 800m 跑成绩基本处于下降趋势，并在 14 岁时低于广安地区女生成绩。

虽然四川广安地区女生每搏输出量均高于湖北潜江地区女生，但在耐力跑成绩上并无明显优势，两者无显著性差异。

从以上结果反映出，两地区男女生的耐力素质明显出现阶段性停滞或倒退，而在心脏器官发育的敏感期，体育锻炼未能充分利用心脏器官快速发展时期，耐力素质的提高有限。这说明，体育锻炼可能存在针对性不强或运动负荷不足的情况。

对比体育课程教学安排，从表 4-23、表 4-24 和表 4-25 可以看出，四川广安地区 11～14 岁学生，走和跑所占比例为 9.8%～21.1%，球类运动所占比重较大，达到 24.2%～43.1%；同样从表 4-26、4-27 看出，湖北潜江地区学生走和跑所占比例为 9.8%～14.2%，球类运动比重高达 45%以上。可能参加球类运动本身需要的运动强度和运动量是这个阶段男女生保持一定耐力增长的原因之一，说明此阶段体育课教学内容的安排，对提高耐力素质有一定的帮助。

但通过问卷调查（见表 4-34、表 4-35），我们也发现广安地区小学、中学、高中分别有 7.4%、11.2%和 23.9%的学生不愿意参加长跑锻炼，而不愿意参加的原因，有 70%以上的学生认为长跑太累，怕吃苦。另外，高中学生因为学业的压力增大，每天有 89.3%的学生锻炼时间少于 1 小时（见表 4-36），而正常体育课被“挤占”的现象达到 38.1%（见表 4-37）。学生客观上参加体育活动的时间不能保证，主观上自觉参加体育锻炼的意识差，导致在体育课上和课外活动中参与耐力等项目锻炼的积极性不高（见表 4-25、表 4-34、表 4-35）。因此，高中阶段学生耐力素质急剧下降，这也就是14～15岁男女生耐力跑成绩出现下降的原因。

表4-34 广安地区学生参加长跑锻炼态度的调查统计 （共851人）

分组	n/人	非常愿意	愿意	一般	不愿意	非常不愿意
		百分比/%	百分比/%	百分比/%	百分比/%	百分比/%
小学	461	32.2	37.6	22.8	6.3	1.1
初中	239	15.2	33.2	40.4	8.5	2.7
高中	156	8.8	26.4	40.9	15.7	8.2

表4-35 广安地区学生不喜欢长跑原因的调查 （共851人）

分组	n/人	怕吃苦	枯燥	害怕受伤	家长不支持	没有时间
		百分比/%	百分比/%	百分比/%	百分比/%	百分比/%
小学	461	74.8	20.3	28.7	15.6	20.3
初中	239	87.4	21.6	37.8	2.7	17.6
高中	156	74.2	25.2	7.5	7.5	40.3

表4-36 广安地区学生每天锻炼时间的调查 （共851人）

分组	n/人	<30min	30min～1h	1h～2h	>2h
		百分比/%	百分比/%	百分比/%	百分比/%
小学	461	22.3	56.5	15.7	5.3
初中	239	21	61.8	13.9	3.1
高中	156	54.3	35	7.5	3.1

表4-37 广安地区对于学校挤占体育课的情况调查 （共851人）

分组	n/人	经常存在	偶尔存在	不存在
		百分比/%	百分比/%	百分比/%
小学	461	2.2	27.3	70.5
初中	239	2.7	25.8	70.4
高中	156	3.1	35	61.9

在调查潜江地区学生体育锻炼情况时（表4-38、表4-39）也发现

类似现象，越是年龄大的学生越是不愿意参与长跑运动，主要原因是学生认为长跑枯燥，怕吃苦。而从该地区学生每天锻炼的时间来看，相对于广安地区学生的日运动时间更长，青少年学生每天能保证30分钟以上的运动时间，对提高身体素质能起到积极作用，但也存在体育课被挤占现象。

表4-38 潜江地区学生每天锻炼时间的调查 （共436人）

分组	n/人	<30min	30min～1h	1h～2h	>2h
		百分比/%	百分比/%	百分比/%	百分比/%
小学	225	11.6	64.7	16.3	7.4
初中	211	15.9	67.2	12.8	4.1

表4-39 潜江地区对于学校挤占体育课的情况调查 （共436人）

分组	n/人	经常存在	偶尔存在	不存在
		百分比/%	百分比/%	百分比/%
小学	225	1.3	13.6	85.1
初中	211	2.4	14.7	82.9

4.3.7 耐力素质练习对策

耐力素质作为人体一大基本素质，其自身的发展受到心肺功能、血液循环系统等的影响。我们应该考虑到，儿童少年时期耐力素质的发展较其他素质的发展要复杂得多，其原因在于耐力素质是由有氧、无氧供能系统所决定的。而这些供能系统在自然生长发育的不同年龄阶段受到有机体各个器官系统的形态、发育水平、功能等的影响，因此表现出相对复杂的变化特征。

从测试情况来看，男女生青春发育会带来第二次耐力快速增长，男生在12～14岁、女生在11～13岁会出现一个良好的发展时机。因此，第一，对于13岁以前的儿童少年来说，8～12岁应该以发展一般耐力为主。因为此阶段心脏对负荷的所有适应机制还没有充分发育，一般耐力的练习有助于心脏肥厚，提高心肺功能。第二，耐力练习的培养要从有氧耐力入手。由于儿童少年血红蛋白、肌红蛋白含量较成人少，心脏功能还没有发育完全，无氧代谢能量储备不足，所以无氧代谢受自然发育限制。同时由于无氧代谢工作强度高，容易产生消极影响。

儿童少年在 15 岁后可以逐渐加大无氧耐力的练习，以及逐步加大无氧耐力练习的负荷比重。首先逐步增加练习的负荷量，再逐步提高负荷强度的要求。同时，还要不断提高儿童少年的技术练习质量，以确保儿童少年在此期间正确动作的养成。

对于儿童少年来说，一般可采用长时间的球类活动、游戏和长距离的慢跑、定时跑等项目来进行耐力训练。提高一般耐力的练习，其负荷强度较低，多采用 50%～60%强度，心率保持在 160～180 次/分。常用的练习方法有匀速法、变速法、重复法、比赛法和综合训练法等。

所以，只有针对儿童少年进行系统性的有氧耐力练习，促使其心血管、呼吸系统形态机能得到改善和良好发育，才会使其耐力的绝对指标得到提高，耐力增长速度加快。

4.3.8 小结

循环系统机能水平，不仅直接影响到人体的健康，也影响到人体的运动能力，并与一个人运动水平和运动寿命直接相关。

循环系统的“中枢”是心脏，心脏是人体生长发育成熟定型最晚的器官之一。虽然它经历两次突增，但真正成熟与完善是在 35～40 岁。但心脏功能强弱的基础，仍在青春期奠定。青春期正处于生长发育的突增高峰时期，此时心脏容积不断增大，每搏输出量增加，心输出量也不断增加，以适应人体生长发育快速增长的需要。在这个阶段，心脏会发生量变。到了青春期的中后期，女生在 13～14 岁，男生在 15～17 岁，由于生长发育速度的减缓，心脏心壁开始逐渐增厚，收缩力不断增强，心脏重量连续增加，出现了质的飞跃。到了青春期后期，男生 18～19 岁，女生 15～16 岁，由于生长发育趋于平缓稳定，心脏发育趋于完善，最大摄氧量达到最高值，心肺功能才表现出相对稳定的水平。这就进一步提醒我们，在心脏发育的高峰期，即女生 13 岁前，男生 15 岁前进行有针对性的耐力练习，将对心脏的后期发育起到积极的促进作用，同时，心脏功能的进一步提高，又会促进耐力素质的提高和保持。

总的来说，心脏形态结构从 11 岁开始，功能从 13 岁开始出现性别差异。男生的心脏功能发育从 9～10 岁开始，形态结构发育从 11～12 岁开始，功能发育早于形态结构发育，而女生两者同步发育，且分别在

9～10 岁及 13～14 岁出现发育高峰期，呈现双峰状态。评价儿童少年心脏形态结构发育的敏感指标为 IVSd、LVPWd、AOD；评价心脏功能发育的敏感指标为 EF%和 ESV。我们可以通过监控以上指标，合理判断心脏发育敏感期，从而判断耐力素质发展敏感期。

每搏输出量的大小与心脏形态发育有关，受心室舒张末期充盈量和心缩末期射血量两种因素影响。四川广安地区男生每搏输出量快速增长期在 9～14 岁，女生每搏输出量快速增长期在 11～13 岁；湖北潜江地区男生每搏输出量快速增长期在 11～13 岁，女生每搏输出量快速增长期在 11～13 岁，与有关研究的男性每搏输出量突增期在 13～14 岁、女性在 11～12 岁有所不同。两地区男女生的每搏输出量增长均表现为突增期时间较长，且均有提前迹象。

4.4 内分泌系统与身体素质敏感期的关系

4.4.1 血睾酮指标

雄激素是所有雄性激素的总称，它是一组类固醇化合物，都具有促进雄性附性器官和副性特征发育的作用，睾酮（T）是其中最主要的一种。男性体内的睾酮主要由睾丸细胞分泌，少量来自肾上腺皮质，它是雄性激素中活性最高的成分。女性体内也有少量的雄性激素，但其活性只有男性的 10%左右。女性体内的雄激素主要由卵巢及肾上腺皮质分泌。唐汝安等用双生子血睾酮遗传度研究发现，男性的血睾酮遗传度在 0.8 左右，女性在 0.9 左右。

血睾酮的水平及其变化可作为青少年不同发育阶段的特征和标志。男性胚胎 7 周后分化出睾丸，并开始分泌雄激素。据现有文献报道，男性胚胎 3 个月时睾酮即达高峰，血睾酮浓度可达 40～580ng · dL^{-1}，但出生后迅速下降，儿童期分泌极少，血睾酮浓度大约在 7～12ng · dL^{-1}。11～13 岁进入青春期后分泌量大幅度递增，约 15～16 岁达到成年水平，20～30 岁为最高峰（250～1250ng · dL^{-1}，平均 600～800ng · dL^{-1}），40 岁以后分泌逐渐减少。女性体内血睾酮的分泌量，成年人与儿童相差较小，平均 40～50ng · dL^{-1}。

（1）男生血睾酮指标变化特征

通过测试，四川广安地区男生血睾酮的分泌变化数据见表 4-40 及图 4-23，男生血睾酮浓度在 6～10 岁变化范围很小，从 3.7ng·dL^{-1}增加到 23.8ng·dL^{-1}，浓度较低，而且绝对值仅增加了 20.1ng·dL^{-1}；而从 11 岁到 15 岁，血睾酮浓度出现快速增高，浓度从 111.7ng·dL^{-1}迅速上升到 877.9ng·dL^{-1}，不仅浓度起点高，而且增长了 766.2ng·dL^{-1}，增长率达到 686%，到 16 岁时，浓度有所下降，但也达到了 853.2 ng·dL^{-1}。

从增长率来看，以广安地区男生 15 岁最高浓度为标准，男生从 11 岁达到最高值的 13%增长到 14 岁时已经达到最高值的 75.1%。在 4 年时间里，增长了 62.1%。可以说明男生血睾酮快速增长期在 11～15 岁。这提醒我们，男生可以在 11 岁开始适当增加力量练习。

表 4-40　四川广安男生血睾酮浓度数据

浓度/ng·dL^{-1}	6 岁	7 岁	8 岁	9 岁	10 岁	11 岁	12 岁	13 岁	14 岁	15 岁	16 岁
四川广安男生	3.743	5.547	6.426	9.813	23.83	111.7	212.8	381.4	659.8	877.9	853.2

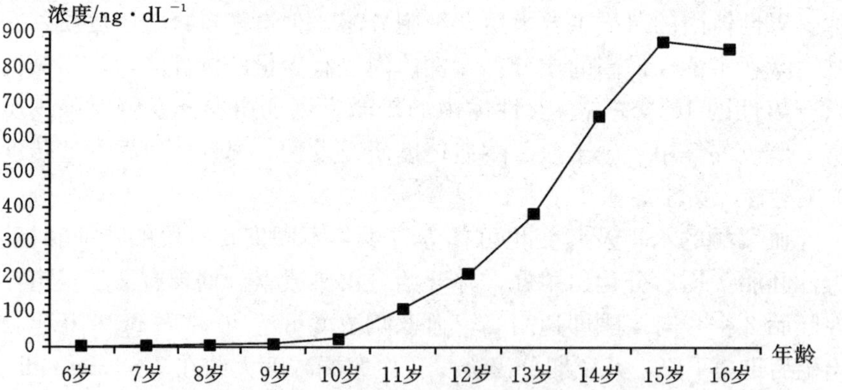

图 4-23　四川广安男生血睾酮浓度变化曲线

（2）女生血睾酮指标变化特征

通过观察四川广安地区女生的血睾酮浓度变化数据及曲线（见表 4-41、图 4-24），发现浓度在 6～14 岁基本保持增长。但从 6～9 岁，浓度从 3.5 ng·dL^{-1}上升到 10.2 ng·dL^{-1}，仅上升了 6.7 ng·dL^{-1}，变化不大；在女生进入青春发育期后，浓度从 10 岁的 13.4 ng·dL^{-1}到 14 岁的 47.3 ng·dL^{-1}，上升了 33.9 ng·dL^{-1}，并已经达到了女性成人的平均水平。14～16 岁女生血睾酮浓度在 31～44 ng·dL^{-1}之间波动。但值得注意的是，男子在青春发育期间血睾酮最高浓度是女生最高值的 18 倍多。测试对象的血睾酮浓度变化，基本与现有文献资料一致。

女生以 14 岁最高浓度为标准，从 10 岁的 28.4%到 12 岁即达到最高值的 80.8%，说明此阶段，血睾酮浓度变化最大。我们已经知道，广安地区女生青春期身高快速增长时期是 11 岁，但体重增长高峰年龄是 10 岁，因此对于广安地区女生来说，在青春期发育前期，体重明显增加，加之肥胖率的增加（10 岁时达到 4.17%，成为 6～16 岁的最高点），势必导致力量素质，特别是速度力量等素质的下降。而 10～12 岁，随着女生的血睾酮快速增长期的到来，为提高力量素质提供了最佳时机。青春期的发生与血睾酮快速增长一致，有目的地施加训练，有利于克服青春期女生脂肪增长过快带来的不利影响。

表 4-41 四川广安女生血睾酮浓度数据

浓度/ng·dL^{-1}	6 岁	7 岁	8 岁	9 岁	10 岁	11 岁	12 岁	13 岁	14 岁	15 岁	16 岁
四川广安女生	3.5	5.555	9.677	10.25	13.46	24.52	39.23	37.43	47.31	31.68	42.57

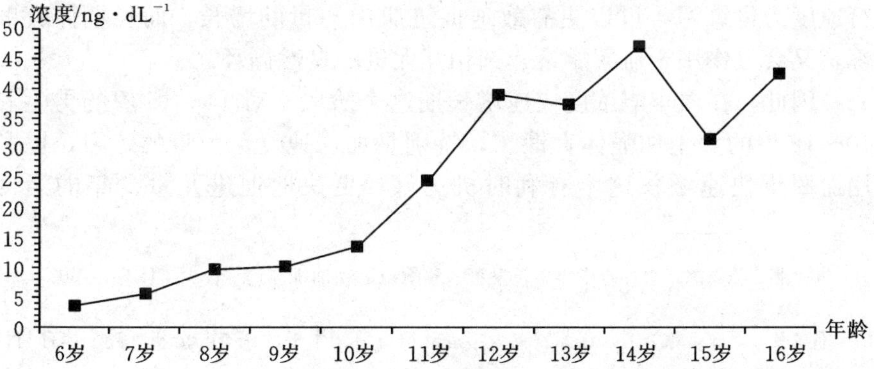

图 4-24 四川广安女生血睾酮浓度变化曲线

从血睾酮浓度变化曲线可以发现，广安地区男生在青春发育期前和女生血睾酮浓度基本保持一致，均为 3.5～10ng · dL^{-1}，但男生在 11 岁进入青春发育期后血睾酮浓度明显增加，进入快速增长期并一直持续到 15 岁；而女生在 10 岁进入青春期后，血睾酮浓度从 10 岁到 12 岁也快速增长，但整个青春发育期血睾酮浓度无明显高峰，而且其总体浓度远远低于男生。这是因为女生在这一时期占优势的性激素是雌激素，促进女生生长发育和成熟的因素主要来自雌激素，血睾酮的影响就没有那么突出了。

（3）血睾酮与身体素质敏感期的关系

我们已经知道，睾酮能促进蛋白质合成，减少分解，提升肌肉合成，增强肌肉力量，可促进骨骼长长、长粗，促进人体在青春期的生长。已有研究表明①，反映下肢跳跃能力的指标，如垂直跳高度、连续跳高度等与血睾酮水平呈显著正相关。通过对比三个不同运动能力组别研究发现②，13～18 岁年龄段优秀运动员组和业余体校学生组的血睾酮值均高于普通中学生组，其中 13～14 岁时血睾酮值显著高于普通学生组。并依此证实，青春期运动员血睾酮值与运动能力有直接关系，血睾酮值的提高对于提高儿童少年运动能力有积极的促进作用。

同时我们也应该注意到，运动训练可以增强肌细胞受体与睾酮的结合力，训练本身可以训练肌细胞，使细胞膜对氨基酸的通透性增加，因此运动训练可以增加肌肉体积，增强肌力。多数研究表明③，运动员的血睾酮浓度明显高于普通人。这也就提示我们，在血睾酮快速增长期进行速度力量练习，可以更有效地促进肌肉力量的增长，而长期体育锻炼，又会反作用于血睾酮，起到相互促进的良性循环。

因此，在血睾酮浓度快速增长期这个阶段，对 11～15 岁的男生和 10～12 岁的女生加强体育锻炼，特别是加强速度、力量的练习，以利用血睾酮快速增长这个有利时机更好、更快地促进儿童少年的运动

① 朱海燕，陈佩杰．男性青少年生长发育、睾酮与运动训练［J］．青少年体育，2003（5）：30-31.

② 邵慧秋，严政，戴秀霞．江苏省青少年运动员血睾酮水平的调查与分析［J］．体育与科学，1996（3）：28-31.

③ 罗兴华，雷桂成，黄美好，等．青春期少儿运动员血清睾酮水平及其相关因素多元线性回归分析的研究［J］．中国运动医学杂志，1991，10（1）：51-55.

能力。

通对男生立定跳远素质的测试发现（见表 4-42、图 4-25），四川广安地区男生从 12 岁到 16 岁，跳远成绩提高了 41.3%，成绩从 164.5cm 提高到 232.4cm，尤其是 12～14 岁，增速最快；湖北潜江地区男生从 11 岁到 14 岁，跳远成绩提高了 22.6%，成绩从 153.5cm 提高到 188.3cm。两地区男生立定跳远成绩无显著性差异，总体增长变化趋势接近。

表 4-42 两地区男生立定跳远成绩变化数据

成绩/cm	6 岁	7 岁	8 岁	9 岁	10 岁	11 岁	12 岁	13 岁	14 岁	15 岁	16 岁
湖北潜江男生			141.40	143.48	156.27	153.54	161.78	179.30	188.29		
四川广安男生	104.00	117.90	126.70	138.90	161.10	160.80	164.50	192.60	215.40	222.70	232.40

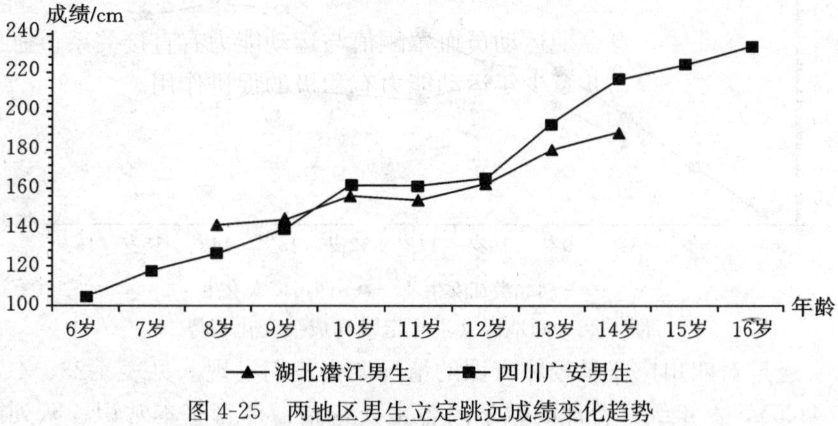

图 4-25 两地区男生立定跳远成绩变化趋势

通对女生立定跳远素质的测试发现（见表 4-43、图 4-26），四川广安地区女生在 9～16 岁成绩提高了 19.7%，在 10～12 岁成绩提高了 2.9%，在 6 岁到 9 岁期间增速最快，成绩从 94.2cm 提高到 147.4cm；湖北潜江地区女生在 8～10 岁成绩提高了 18.5%，成绩从 121.0cm 提高到 143.4cm，此期间跳远成绩增速最快。两地区女生立定跳远成绩的比较中，湖北潜江地区成绩明显低于四川广安地区，在 11 岁到 14 岁之间存在统计学差异。

通过分析四川广安地区男女生血睾酮浓度和立定跳远素质成绩，可以发现，男生在血睾酮明显提升后，立定跳远素质同步增长，但是女生的成绩增长幅度大大低于血睾酮浓度增长幅度。显然女生的力量素质的提高与血睾酮浓度的提高明显不同步，这与女生血睾酮总量低也有一定关系。

表 4-43　两地区女生立定跳远成绩变化数据

成绩/cm	6 岁	7 岁	8 岁	9 岁	10 岁	11 岁	12 岁	13 岁	14 岁	15 岁	16 岁
湖北潜江女生			121.00	134.63	143.41	136.61	138.37	140.89	135.23		
四川广安女生	94.20	111.20	129.70	147.40	148.90	161.30	153.20	170.10	172.10	167.40	176.50

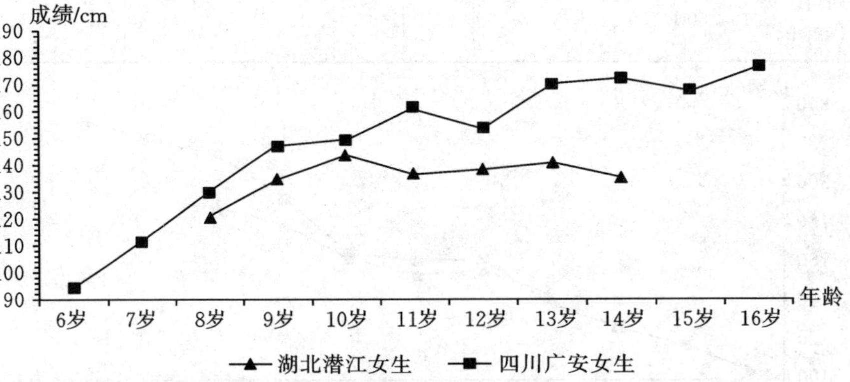

图 4-26　两地区女生立定跳远成绩变化趋势

通过对四川广安学校体育课的情况调查我们发现（见表 4-23、4-24 和 4-25），六年级体育课的教学内容主要包括：体育基本常识、队列队形（包括广播操和韵律操）、球类运动、走跑练习（包括短跑和耐力跑技术）、投掷、技巧（包括单双杠和垫上练习）。在七—九年级主要增加了素质和武术练习，教学内容相对丰富，但专门的力量素质练习，六年级为零，而七—九年级仅仅为 2%～6.3%，远远不能满足学生力量增长的要求。可见，中学体育课程教学内容的安排并没有遵循儿童少年身体机能自然增长的规律，缺乏必要的针对性。因此，这可能是青少年身体机能和身体素质下降的原因之一。

（4）小结

男性血睾酮的遗传度为78%，女性则高达91%。血睾酮变化的一般规律是，出生3个月后，浓度达高峰，但之后迅速下降。在儿童期分泌量极低，但在进入青春期后分泌量大幅度递增，约15～16岁达到成年平均水平，在20～30岁达到最高峰，40岁后分泌量逐渐减少。通过测试数据我们也发现，男女生血睾酮浓度在青春期前，体内相差无几，但进入青春期后，男生血睾酮浓度不断上升，到16岁时，男生体内血睾酮的分泌量大约是女生体内的18.5倍。血睾酮快速增长期，男生是11～15岁，女生是10～12岁，其结果表现为男生不仅持续时间长，而且浓度远高于女生。

对青少年时期男生血睾酮指标的监控，有助于我们判定力量素质敏感期（快速增长期），并合理地把握，从而利用最佳时机增加相应的力量练习。通过有目的的力量练习，克服青春期男女生脂肪增长过快带来的不利影响，对提高运动能力有极好的帮助作用。

4.4.2 生长激素和IGF-1指标

生长激素（Growth Hormone，GH）是腺垂体含量最多、分泌量最大的一种激素，也是控制人体生长发育最重要的激素。生长激素的生理作用非常广泛，主要作用是参与机体生长的调节，促进肝脏释放葡萄糖，促进脂肪氧化分解，促进蛋白质合成，刺激颅骨、下颌骨增大及软骨肥大、骨骺软骨增生，既促进人体生长，又对增高起重要作用。

已知生长激素在甲状腺、胰岛素和性激素的协同作用下起到促进人体生长发育的主导作用。儿童要在青春期前达到正常体型，生长激素是必不可少的。生长激素的分泌始终处于一种不恒定的状态，即生长激素的分泌水平在不同年龄存在明显的差异。对于生长激素的正常值，由于测试方法和手段不同，指标会有所差异。一般认为儿童正常值小于$20ng \cdot mL^{-1}$，成人正常值小于$5ng \cdot mL^{-1}$。

（1）男生生长激素变化特征

四川广安地区男生生长激素随时间变化趋势如图4-27所示，男生生长激素浓度变化较大。6岁时浓度值最高，并在出现连续下降之后，经过9岁的一个小高峰值，在12岁又出现第二次高峰值，之后浓度缓慢增长。总体来说，测试对象中的男生在 6～16 岁生长激素的指标整体水平高于正常成人值，表明在儿童少年时期生长激素一直处于较旺盛的分泌状态。在 10～12 岁，生长激素浓度连续增高，与 6～16 岁整体差值比较，10～12 岁变化率达到了整个变化值的 54.8%，并且 12 岁时生长激素浓度达到了 6.81ng·mL^{-1}（见表 4-44）。依此，我们可以认为 10～12 岁是生长激素的快速增长期。

表 4-44　四川广安男生生长激素浓度数据

浓度/ng·mL^{-1}	6 岁	7 岁	8 岁	9 岁	10 岁	11 岁	12 岁	13 岁	14 岁	15 岁	16 岁
四川广安男生	7.00	6.57	5.99	6.61	5.95	6.57	6.81	5.84	6.17	6.00	5.42

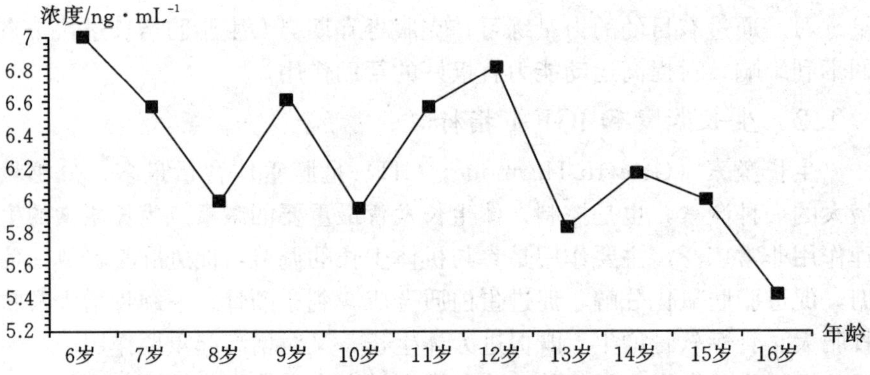

图 4-27　四川广安男生生长激素变化趋势

（2）女生生长激素变化特征

对于女生而言，生长激素的变化出现三个不同阶段，如表 4-45 和图 4-28 所示，第一阶段是 6～8 岁，生长激素浓度维持在 6.1～6.3ng·mL^{-1}；第二阶段为 9～14 岁，在女生进入青春期前期，呈现出高低起伏的状态；第三阶段为 14～16 岁，在青春发育期中后期，又达到一个高峰，然后进入下降阶段。在 9～11 岁 3 年时间里，生长激素指标增长率达到 6～16 岁整个变化值的 39.4%；14～15 岁，生长激素在 1 年时间里增长了 44.4%。9～14 岁、14～15 岁这两个时间段生长激素浓度快速增长，因此我们可以认为是女生生长激素的快速增长期。

同时我们发现，测试对象中的女生各阶段生长激素浓度均低于男生，与潘复平等人报告不同①，原因有待后续研究。

据报道，年龄对血清生长激素的含量有影响，新生儿血清生长激素含量最高，出生2周后的平均水平较刚出生时降低，到青春期中后期，其基础水平接近成年人②。因此，对于测试对象中的男女生在6～7岁均出现相似的生长激素维持在高水平的情况，可能表示，6岁之前也存在一个生长激素的快速增长期。现有研究证明，有运动训练的男子安静时生长激素浓度高于同年龄未运动者。这表明长期的体育锻炼可以促进生长激素的分泌。文献综述也已表明，一次长时间（30min以上）练习，或短时间中等强度以上练习，以及抗阻力训练均能有效刺激生长激素的分泌。

表4-45 四川广安女生生长激素浓度数据

浓度/ng·mL^{-1}	6岁	7岁	8岁	9岁	10岁	11岁	12岁	13岁	14岁	15岁	16岁
四川广安女生	6.16	6.28	6.24	5.64	5.83	6.03	5.79	5.74	5.63	6.07	5.28

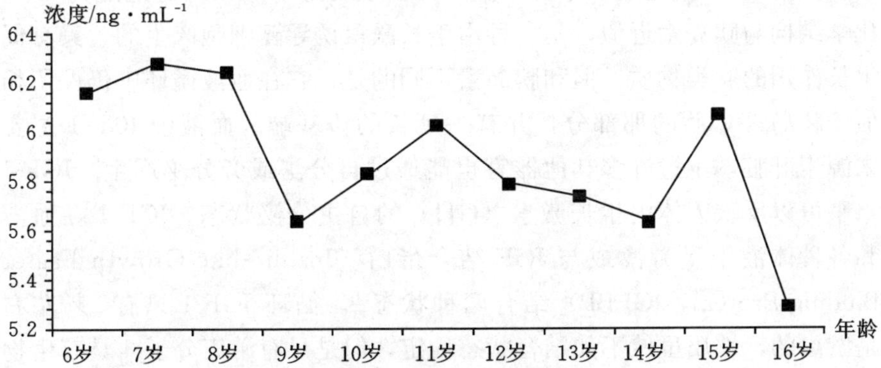

图4-28 四川广安女生生长激素变化趋势

① 潘复平，徐苏恩，张国栋，等. 214名青少年血清生长激素与骨龄及生长突增高峰的相关[J]. 上海第一医学院学报，1984（5）：357-360.

② 饶国洲，彭健，刘明. 学龄前儿童血清生长激素放射免疫测定69例[J]. 第四军医大学学报，1992（2）：155-156.

儿童适量的体育运动和身体锻炼可以促进新陈代谢，增强生长激素的活性，从而刺激蛋白质的合成与利用，促进肌肉的生长发育。饶国洲等[①]通过测试 3～6 岁幼儿发现，各年龄组的血清生长激素含量均比报道的青春期青少年高，而且 6 岁组儿童生长激素水平明显高于 3～4 岁组水平，存在显著性差异。这表明长期的体育锻炼可以增加生长激素的分泌。6～7 岁的儿童处于小学一二年级，学习任务相对较轻，课业负担小。同时调查发现，四川学校一二年级每星期有 3 节体育课，加上每天 30min 的大课间体育活动，学生活动量相对较大，因此可能也促进了生长激素分泌量的增加，使低年龄学生的生长激素浓度较高。

四川广安地区测试对象在 6～7 岁时生长激素的高浓度值，恰恰也解释了前文提到的男女生身高、体重在 6～7 岁高增长这一特点。当然，对于这个现象的解释，还有待后续更多的研究。

（3）男生 IGF-1 变化特征

人类第 12 号染色体长臂上坐落着编码 IGF-1 基因，分子生物学研究已经探明它含 6 个外显子，通过一系列转录、翻译、化学修饰过程后编码成为 70 个氨基酸的单链多肽，分子量约为 7.5KD，等电点为 8.4。化学结构与胰岛素近似，是一种由生长激素诱导靶细胞产生的、具有促生长作用的肽类物质，但和胰岛素不同的是，它在血液循环中仍保留相似于胰岛素 C 肽的那部分，并有一延长的梭基端。血液中 IGF-1 主要来源于肝脏，不过许多其他器官也能通过自分泌或旁分泌产生。IGF-1 水平可以反映人体内生长激素（GH）的自主分泌状态。IGF-1 在血液和各种体液中呈游离或与 IGF 结合蛋白（Insulin-like Growth Factor Binding Protein，IGFBP）结合两种状态[②]。循环 IGF-1 只有 1%左右是游离的，性质虽然不如结合状态稳定，但是只有游离分子才具有生物活性。生长激素释放激素（GHRH）及生长激素抑制激素（GHIH）都

---

① 饶国洲，彭健，刘明．学龄前儿童血清生长激素放射免疫测定 69 例［J］．第四军医大学学报，1992（2）：155-156.

② 黄丽娟，羊柳，徐星洋，等．胰岛素生长因子-1 及胰岛素因子结合蛋白-3 在特发性矮小症诊断中的价值［J］．实用临床医药杂志，2014，18（16）：186-187；190.

是下丘脑分泌用于调节其毗邻器官垂体前叶释放 GH，后者入血后与生长激素结合蛋白（GHBP）结合运输至靶组织，然后与特异性生长激素受体（Growth Hormone Receptor，GHR）结合，刺激肝、肾和骨骼肌等组织合成分泌 IGF-1，95%以上的 IGF-1 结合到主要由肝脏合成分泌的 IGFBP-3 上，将其转运至靶组织与胰岛素样生长因子受体（Insulin-like Growth Factor Receptor，IGFR）结合，激活下游信号通路，从而促进细胞 DNA、RNA 和蛋白质的合成，以及细胞的增殖，同时调节三大营养物质代谢，促进蛋白质的合成和抑制碳水化合物的分解利用，增加糖异生储备糖原，促使脂肪氧化增加产能，刺激软骨细胞增殖和加速钙化以促进骨骼增长。就目前的研究进展来看，关于 GH-IGF-1-IGFBP3 轴在促生长过程中调节人体生长的机制，学者们提出了三种假说[①]，即生长介素学说、双重效应学说和胰岛素样生长因子结合蛋白调控学说，综合这些假说，生长激素除了可以通 IGF-1 发挥促生长效应，同时也可以独立 IGF-1 直接促进靶器官生长。

四川广安地区男生 IGF-1 浓度随时间变化的趋势如图 4-29 所示，男生 IGF-1 浓度变化波动较大。6 岁时浓度值最高，在出现连续下降之后，在 10 岁出现一个小高峰值，在 12 岁又出现第二个高峰值，在 14 岁之后浓度缓慢增长，慢慢与成年人水平接近。总体来说，测试对象中的男生从 6～16 岁生长发育整体水平高于正常成年人，表明 IGF-1 在儿童少年时期一直处于较旺盛的分泌状态，且与生长激素呈一定同步性。

表 4-46 四川广安男生 IGF-1 浓度数据

浓度 /ng·mL^{-1}	6 岁	7 岁	8 岁	9 岁	10 岁	11 岁	12 岁	13 岁	14 岁	15 岁	16 岁
四川广安男生	454.68	371.13	355.23	358.59	374.75	336.99	359.58	344.54	322.81	350.06	362.84

① DÁVILA N, et al. Serum growth hormone-binding protein is decreased in prepubertal children with idiopathic short stature [J]. Journal of endocrinological investigation, 1996, 19 (6): 348-352.

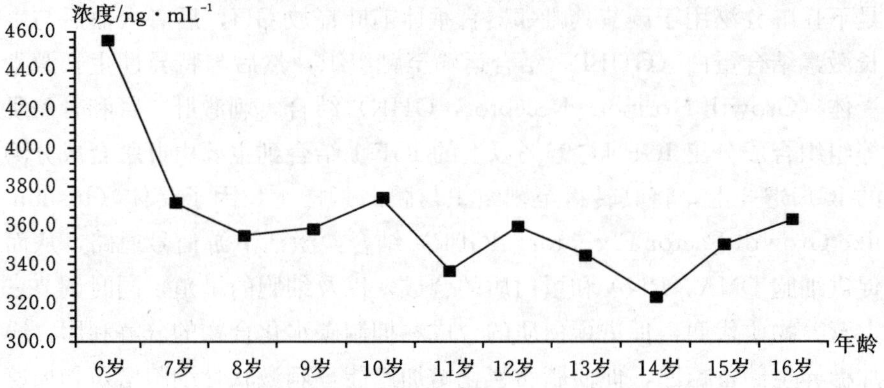

图 4-29　四川广安男生 IGF-1 浓度变化趋势

（4）女生 IGF-1 变化特征

四川广安地区女生 IGF-1 浓度随时间变化趋势如图 4-30 所示，其变化波动较大。在 6～8 岁阶段，IGF-1 水平持续下降，从 373.0ng·mL^{-1} 下降到 338.8ng·mL^{-1}。在女生进入青春期前期，IGF-1 浓度大幅上升，在 11～12 岁，从 330.9ng/ml 提升至 348.3ng·mL^{-1}，并在青春期 12～15 岁维持在 345.9～348.3ng·mL^{-1}，在青春期后 15 岁又出现大幅度下降（见表 4-47）。因此，我们可以认为女生在青春期 12～15 岁这个时间段 IGF-1 浓度最高，这也与前人研究结果相似①②③。

表 4-47　四川广安女生 IGF-1 浓度数据

浓度/ng·mL^{-1}	6 岁	7 岁	8 岁	9 岁	10 岁	11 岁	12 岁	13 岁	14 岁	15 岁	16 岁
四川广安女生	372.95	354.25	338.79	340.98	334.94	330.94	348.26	347.49	345.90	348.13	304.06

① IMOGEN R，et a1. Insulin-like growth factor-Ⅰ and growth in height，leg length，and trunk length between ages 5 and 10 years [J]. Journal collinical endocrinol & metabolism，2006，91（7）：2514-2519.

② 邓洁英，史轶蘩，张殿喜，等. 胰岛素样生长因子Ⅰ对儿童青春发育启动的作用［J］. 中华内分泌代谢杂志，2005，21（4）：337-340.

③ 汪治华，闫晓莉，李小青，等. 性早熟女童血清 IGF-1、瘦素检测及其临床价值探讨［J］. 中国儿童保健杂志，2011，19（9）：811-813.

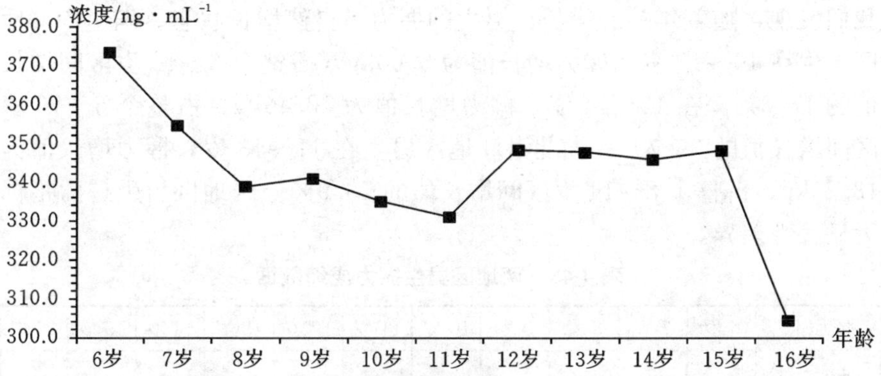

图 4-30 四川广安女生 IGF-1 浓度变化趋势

（5）生长激素及 IGF-1 与身体素质敏感期的关系

生长激素能促进肌肉的蛋白质合成，增加肌肉的体积和肌肉力量。由于男生在 10～12 岁、女生在 9～11 岁和 14～15 岁进入生长激素发育的快速增长期，因此这个阶段也应该是运动能力的快速增长时期。可以通过中等强度以上或抗阻力力量练习促进生长激素的分泌，进一步加强肌肉力量。

大量文献证实 IGF-1 是调节肌肉生长、代谢和增强肌力的主要因素。多项研究表明 IGF-1 与肌肉蛋白质合成有关。Malmlöf① 给大鼠注射地塞米松，造成其负氮平衡，然后再给予重组 IGF-1 后发现，地塞米松造成的蛋白质合成减少、能量消耗增加及尿氮排出增多的现象可被抵抗。IGF-1 可以促进骨骼肌干细胞的增殖、肌细胞的分化以及融合成肌管，几乎得到学术界一致认同。Anastasilakis 等人②发现骨骼肌上调 IGF-1 的表达水平，会使肌肉质量增加和皮质骨骨量增加。

通过观察两地区男生握力指标的测试数据（见表 4-48 和图 4-31），

① MALMÖF K，et al. The role of insulin，insulin-like-growth factor-Ⅰ and growth hormone in counteracting dexamethasone induced nitrogen wasting in rats [J]. Hormone and metabolic research，1997，29 (1)：20-24.

② ANASTASILKIS A D，et al. Circulating irisin is associated with osteoporotic fractures in postmenopausal women with low bone mass but is not affected by either teriparatide or denosumab treatment for 3 months [J]. Osteoporosis international，2014，25 (5)：1633-1642.

我们发现，随着年龄的增长，男生的握力呈自然增长状态。四川广安地区男生在10～12岁，握力增长值为5.50kg，占整个6～16岁区间增长值的17.6%，在12～14岁，握力增长值为12.40kg，占整个6～16岁区间增长值的39.7%；湖北潜江地区男生在11～13岁，握力增长值为13.25kg，占整个8～14岁区间增长值的53.9%。两地区男生握力指标无显著性差异。

表4-48　两地区男生握力成绩数据

握力/kg	6岁	7岁	8岁	9岁	10岁	11岁	12岁	13岁	14岁	15岁	16岁
湖北潜江男生			13.33	15.76	18.91	19.04	23.61	32.29	37.91		
四川广安男生	7.85	9.91	11.44	13.03	15.93	18.19	21.43	27.04	33.86	37.31	39.03

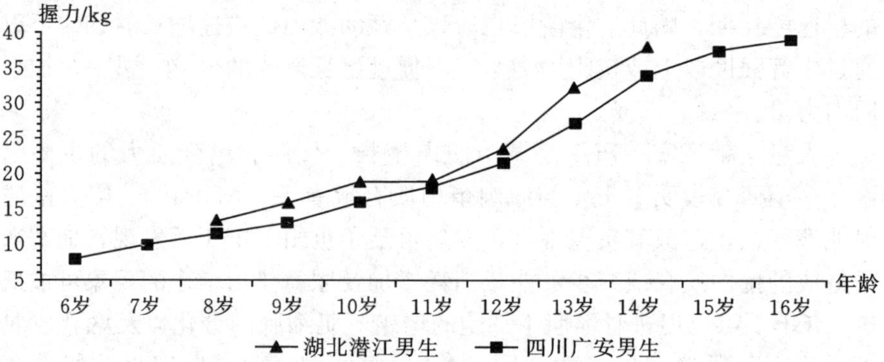

图4-31　两地区男生握力成绩变化趋势

通过观察两地区女生握力指标的测试数据（见表4-49、图4-32），我们发现，随着年龄的增长，女生的握力呈自然增长状态。四川广安地区9～11岁女生的握力增长值为5.30kg，占整个6～16岁区间增长值的28.4%，而14～15岁出现负增长，为－7.3%。说明这个阶段，力量不仅没有增加，反而下降了，显示了广安地区学生体育锻炼的缺乏与训练负荷的不足。湖北潜江地区10～12岁女生的握力增长值为8.06kg，占整个8～14岁区间增长值的55.1%。比较两地区的学生握力成绩发现，湖北潜江地区每个年龄段学生都优于四川广安地区学生，但并无统计学差异。

分析四川广安地区学生的握力指标与 GH、IGF-1 浓度值，我们可以发现，在 GH 与 IGF-1 高浓度时间段，握力指标提升没有出现明显增速。女生甚至在 14～15 岁出现负增长，为－7.3%，说明四川地区学生在力量发展敏感期并没有得到充分锻炼，力量素质没有得到充分发展。

表 4-49 两地区女生握力成绩数据

握力/kg	6 岁	7 岁	8 岁	9 岁	10 岁	11 岁	12 岁	13 岁	14 岁	15 岁	16 岁
湖北潜江女生			11.19	13.54	15.33	18.66	23.39	23.68	25.81		
四川广安女生	6.09	9.35	10.39	11.49	13.57	16.77	19.6	21.65	23.81	22.45	24.64

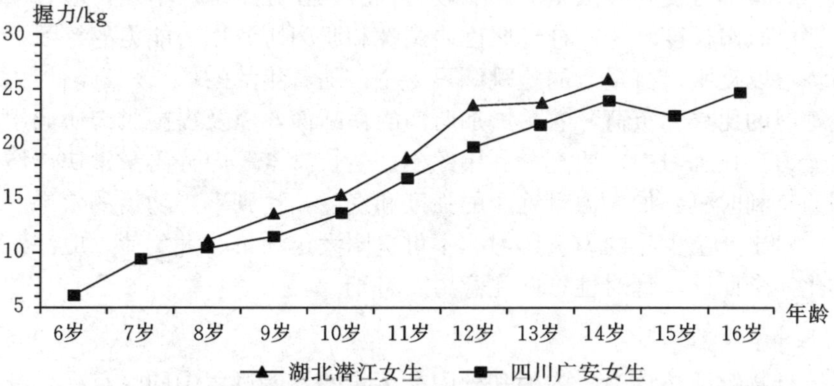

图 4-32 两地区女生握力成绩变化趋势

通过对四川体育课程教学内容的调查（见表 4-23、4-24 和 4-25），各年级划归为力量练习的投掷占比 4.9%～7.8%，跳跃占比 6.1%～10.6%，而这些练习中，更多侧重于技术类教学，真正用于力量练习的课次太少，加上运动强度偏低，力量增长缓慢，因此女生在青春发育高峰期出现握力下滑现象。

4.4.3 力量素质练习对策

要针对 7～9 岁的儿童少年有计划地进行全身各部位肌肉的力量练习，使儿童少年全身各部位的肌肉都得到锻炼和良好的发展，练习应注意量和强度的严格控制。

13岁之前，儿童少年力量的练习应该以改善肌肉间的协调性为主要任务，交替使用多种肌肉练习手段，而不是盲目增加运动负荷、以增大肌肉的体积为出发点。此年龄阶段儿童少年应主要发展全身各部位的一般力量，以动力性练习为主，少采用静力性练习，以免因为憋气而造成心血管系统的损伤。13～16岁的儿童少年，可在发展全身肌肉的基础上，加强大肌肉群正确的用力姿势，逐步培养儿童少年肌肉合理用力的技能。

儿童少年时期力量练习的重点应放在速度力量的发展上，而不是发展最大力量。把力量与速度的练习结合起来，在体育课堂上可多做短时间的速度跑以及各类连续跳跃练习，这将为成年后力量与速度的进一步提高提供更大的空间，并可有效地避免“速度障碍”的出现。

力量练习受外界因素的影响较大，所以在儿童练习早期，应着重安排促进肌肉长度增长、神经肌肉协调性和肌肉协调用力能力的练习，负荷练习以克服自身重量的跑跳练习为主，随着年龄的增长，逐渐加大力量练习的比重和负荷，着重增加肌肉的横断面，以及提高肌肉协调用力的能力。在练习中，要充分利用睾酮、生长激素等内分泌激素快速增长期的有利时机，加大力量练习的强度和密度，达到事半功倍的效果。

对于儿童少年的力量练习，不可贪图大运动量、大负荷。应注意多样化、全面性、针对性，并注意男女有别。

4.4.4 小结

唯物辩证法认为，内因和外因在事物的发展过程中同时存在，缺一不可，但二者的地位和作用不同。内因是事物自身运动的源泉和动力，是事物发展起决定作用的根本原因。外因是事物发展、变化的第二位的原因。内因是变化的根据，它规定了事物发展的基本趋势与方向。外因是变化的条件，它通过内因而起作用。

运动能力作为人体机能的外显表现，其最终受制于各机能系统的发展。运动实践已经证明，人体生理机能水平的发展最终所能达到的高度，将直接关系到运动素质的发展和运动能力的最终表现。

广安地区男女生在6～7岁均出现高浓度生长激素和IGF-1值，提示男女生生长激素和IGF-1可能在6岁以前有高分泌期，加之生长激素和IGF-1的主要功能之一就是促进蛋白质合成，促进骨骼生长，对增高起重要作用。这就提醒我们可利用生长激素快速增长期，加强体育锻炼，适当进行力量素质练习。但对于该阶段的力量练习，应以加强全身各部位肌肉的力量为主，强调小负荷的速度力量练习。对于在青春发育期出现的第2个生长激素和IGF-1分泌高峰期，男生出现在10～12岁，女生出现在14～15岁，这个阶段的力量练习，应注意练习的形式和时长，通过中等强度以上或抗阻力力量练习可以有效提高生长激素的分泌，达到互相促进的作用。

4.5 神经系统与身体素质敏感期的关系

神经科学认为[①]，任何动作，无论简单或是复杂，都是在神经系统调控下进行和完成的。神经系统对动作的控制具有全面性、协同性和多水平等特点，特别是对人类的动作而言，脑的调控作用更为突出。

目前已知人体神经系统发育最早。新生儿的脑重已到达成年时期的25％，而此时的体重仅为成年人的5％；出生后第一年脑发育速度仍然很快，能达到整个发育过程的50％，第二年再增加20％，到6岁时，脑的重量已达到成年人的90％。出生后的5～6年里，随着脑重量的增加，神经系统的机能也迅速发展。不过，6～20岁脑重量虽然只增加了10％，但脑细胞的结构和机能变化却很复杂，尤其在18～25岁，其变化更加激烈，达到神经系统机能上的进一步完善。

研究表明，中枢神经系统的功能（神经系统的强度、灵活性和均衡性）是先天遗传的，遗传度高达90％以上，后天很难改变。儿童脑电作为生长发育过程中脑电波的客观体现，儿童大脑皮层的结构与功能随年龄的增长不断发育完善，因此其脑电活动的变化也必然表现出一定的特征和变化趋势。

现有研究表明，从新生儿到成人，脑电发育也逐渐趋于成熟，波形由不规则低幅δ波发育至节律性α波，α波由顶区优势发展为枕、顶区为著[②]。随着年龄的增长，儿童少年α波低频成分所占比率逐渐减少，

① 董奇，陶沙．动作与心理发展［M］．2版．北京：北京师范大学出版社，2004：11.

② 庞启明，张宝华，等．7～15岁正常儿童脑电α波形与智力、性格的关系研究［C］．中华医学会第五次全国儿科中青年学术交流大会，2008.

高频成分所占比率逐渐增加。6～14 岁学龄期儿童脑电的主要特点为频率由慢波逐渐变为快波，从不稳定状态过渡到稳定状态。

刘世熠等①认为，α 波的平均频率随年龄的增加而增高，可以将 α 波作为研究儿童脑的发育成熟的主要指标，并提出以枕叶的 α 波作为主要分析对象，因为 α 波一般在枕叶最为稳定、清晰，在颞叶和顶叶则以 θ 波的基本消失作为脑发育成熟的主要指标。

4.5.1 男生脑电发育变化特征

为便于研究方便，我们将四川广安地区测试对象的脑电 α 波分为 α_1 和 α_2 进行研究，其中 α_1 代表 8～9.8Hz 的低频 α 波，α_2 代表 10～12.8Hz 的高频 α 波。通过表 4-50 可以看到，广安地区男生同一个波在枕区的左右两侧一般有轻微的波幅差，多数为非优势半球侧的波幅较高，但这种生理性的不对称波幅差没有超过 30%，因此在合理的范围内②。

表 4-50 广安地区男生 α_1、α_2 导联间百分比统计表

年龄/岁	α_1%		α_2%	
	α_1O1B	α_1O2B	α_2O1B	α_2O2B
6	26.96±12.64	30.82±10.97	12.32±7.94	12.46±8.60
7	24.61±12.28	28.47±12.68	15.03±8.25	14.48±9.21
8	21.76±10.13	22.83±12.98	20.48±13.52	21.55±14.07
9	23.54±13.02	22.56±12.01	20.65±11.64	25.29±13.39
10	20.61±12.70	21.44±14.63	25.05±15.07	26.92±15.32
11	19.34±13.46	19.91±13.01	36.42±16.41	40.34±15.48
12	18.25±16.33	23.20±15.39	35.04±18.37	31.33±15.02
13	16.61±13.20	16.93±13.84	31.87±13.98	39.39±16.08
14	14.11±12.57	14.04±11.85	35.26±17.38	39.04±19.72
15	18.33±15.37	18.10±15.63	39.77±16.78	41.55±18.44
16	12.78±10.69	13.67±8.80	43.15±19.52	45.46±18.29

① 刘世熠，邬勤娥. 8 岁至 20 岁儿童与青少年脑电图的研究 [J]. 心理学报，1962 (3)：173-183.

② 刘晓燕. 临床脑电图学 [M]. 北京：人民卫生出版社，2006：3-10；71.

我们以右枕区为研究对象，合并 α_1%和 α_2%后，通过图 4-33 可以更清楚看出这种变化趋势：广安地区 6～9 岁男生的 α 波能量百分比呈现缓慢的增长趋势，但男生 10～11 岁时 α 波能量间百分比出现明显的峰值，α 波能量百分比从 48.36%迅速上升到 60.25%，已经接近成人正常 α 波的 86%（当 α 波能量百分比到达 75%，即可认为脑发育成熟），此后围绕峰值上下波动，进入平稳增长期。而与之对应的 θ 波在 11 岁能量间百分比出现较大幅度下降，仅占枕区总百分比的 12.41%，α 波和 θ 波之间的能量差进一步拉大，表明随着年龄的增加，神经系统的控制能力、调节能力也随之增强。由此可以判断，广安地区男生在 11 岁脑神经发育基本完成，10～11 岁为男生脑神经发育快速增长期。

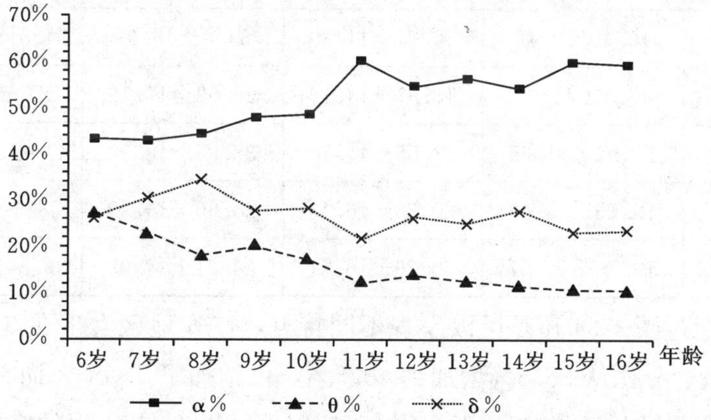

图 4-33 广安地区男生导联间能量百分比变化趋势

4.5.2 女生脑电发育变化特征

通过研究广安地区女生脑电发育情况（表 4-51）可以看出，α_1 波、α_2 波、θ 波和 δ 波的导联间能量百分比随年龄增长，均出现与男生相同的变化趋势，即 α_2 波能量百分比随年龄的增长而逐渐增加，而 α_1 波、θ 波和 δ 波能量百分比逐渐下降（见图 4-34）。

表 4-51 广安地区女生 α_1、α_2 导联间百分比统计表

年龄/岁	α_1%		α_2%	
	α_1O1B	α_1O2B	α_2O1B	α_2O2B
6	26.41±12.00	26.19±12.15	10.84±6.13	10.47±6.12

续表

年龄/岁	α_1%		α_2%	
	α_1O1B	α_1O2B	α_2O1B	α_2O2B
7	19.58±10.24	24.7±10.99	14.00±8.73	17.85±11.37
8	22.83±12.49	23.47±12.08	17.01±11.57	17.42±12.31
9	23.67±12.35	24.61±13.01	21.53±9.46	22.63±11.06
10	20.75±11.19	22.64±10.96	22.97±11.74	29.87±13.90
11	20.81±14.03	21.22±14.18	28.37±15.60	32.87±17.58
12	16.40±9.42	16.21±11.39	33.6±16.99	34.31±15.96
13	18.4±14.95	18.87±14.19	28.52±17.18	31.76±19.20
14	13.97±11.65	13.55±11.20	38.95±18.98	41.21±22.94
15	19.16±13.65	20.38±16.43	38.66±19.29	38.5±19.03
16	19.76±15.57	22.26±16.81	34.21±17.03	36.84±18.46

但通过图4-34还是可以发现不同特点，广安地区女生在6～8岁，α波能量百分比从36.5%增加到40.8%，仅增加了4.3%。而在9～11岁进入缓慢的均速增加阶段，不同于广安地区男生在11岁的突然增加，广安地区女生的α波能量百分比从47.2%增加到54.2%，3年时间增加了7%，12岁之后又进入一个平稳增长期。表现出女生比男生更早进入脑发育加速，与青春发育相匹配。通过与正常成年人脑电比较，可以判断，女生在11岁脑神经发育基本完成，9～11岁为女生脑神经发育的快速增长期。

通过对男女生脑电发育变化规律的研究，我们发现，儿童少年脑的发展有其严格的程序，它的发展基本上是逐渐的与连续的，但不是等速的与直线的。这种逐渐的、连续的、不等速的随年龄增长而加快的“此消彼长”现象，是衡量儿童少年大脑皮质发育程度的一个重要标志。

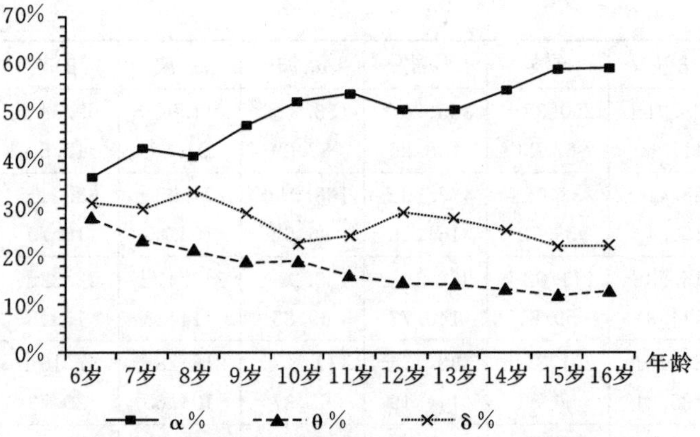

图 4-34　广安地区女生导联间能量百分比变化趋势

4.5.3　不同年龄儿童少年脑电绝对功率的比较

随着年龄的增长，儿童少年各脑区不同频率的波谱绝对值出现明显的变化趋势：其中各频段总功率、δ 波、θ 波和 α_1 波的绝对功率随年龄增长具有明显降低的趋势；α 波和 β 波的绝对功率值也随年龄增长表现出较小的下降趋势；而 α_2 波的绝对功率值却随着年龄增长明显增加（见表 4-52）。对各年龄段绝对功率的总体值进行非参数检验，结果表明四川广安地区学生 6～9 岁、10～13 岁、14～16 岁都没有显著性差异（$p>0.05$），而将 6～9 岁为一组，10～13 岁为一组，14～16 岁为一组进行检验，发现有非常显著性差异（$p<0.01$）。

表 4-52　广安地区学生脑电绝对功率数据　　（单位：μv^2）

年龄/岁	δ 波	θ 波	α 波	α_1 波	α_2 波	β 波	总值
6	600.3±89.10	520.48±147.38	415.62±147.19	284.00±115.22	131.61±53.02	55.93±15.00	2011.59±429.37
7	659.43±140.62	473.03±167.05	466.67±175.10	279.09±134.37	187.57±85.80	59.78±16.58	2125.57±536.75
8	600.31±150.50	351.94±125.17	363.28±139.30	222.05±119.64	149.36±63.86	51.39±14.89	1738.82±460.05
9	562.15±144.94	321.66±89.65	414.91±158.23	204.07±102.26	210.85±94.60	58.20±18.19	1771.84±453.58

续表

年龄/岁	δ波	θ波	α波	$α_1$ 波	$α_2$ 波	β波	总值
10	428.91±111.60	250.38±67.23	365.76±146.96	153.82±82.09	211.94±91.82	59.34±17.60	1470.14±374.78
11	388.41±100.43	233.02±59.72	437.96±161.58	163.01±96.62	274.95±108.68	63.04±16.79	1560.38±402.72
12	415.53±111.31	211.02±59.81	372.10±146.77	133.23±69.85	247.41±114.33	52.32±15.18	1441.60±393.90
13	388.16±125.21	201.31±56.35	333.75±144.19	117.47±65.37	216.28±104.65	57.16±20.73	1314.12±388.17
14	309.5±71.72	169.51±44.92	320.32±159.28	96.50±56.78	223.82±126.27	54.49±14.86	1173.99±362.16
15	281.64±71.15	141.51±45.13	357.95±157.31	112.73±75.87	244.97±117.59	47.90±13.26	1186.11±382.00
16	263.12±68.46	134.18±39.33	340.45±171.23	100.53±67.56	244.68±141.50	44.74±16.06	1127.71±389.07

4.5.4 不同年龄儿童少年脑电相对功率的比较

将四川广安地区学生脑电数据用相对功率值计算（该波谱占总体值的比率），发现随着年龄的增长，大脑各区不同频率的脑电波出现明显变化。具体表现为慢波δ波和θ波随年龄增长不断减少，α波和β波随年龄增长逐渐增多，但是其中不同频率α波的表现不同，低频率的 $α_1$ 波并没有随年龄增长而增加，甚至有减少的趋势；而高频率的 $α_2$ 波随年龄变化快速增加（见图 4-35）。

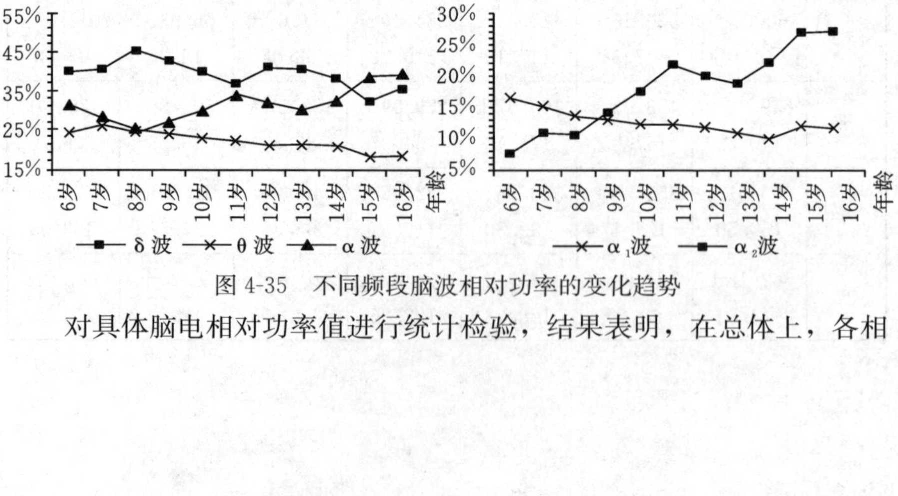

图 4-35 不同频段脑波相对功率的变化趋势

对具体脑电相对功率值进行统计检验，结果表明，在总体上，各相对功率的总和在不同年龄组存在显著差异（$p<0.01$）；而在组间两两比较发现，α_2 波在 6 岁与 7 岁没有显著差异，8 岁与 9 岁没有显著差异、10～13 岁各年龄段间没有差异，14～16 岁各年龄段间没有显著的差异（$p>0.05$），但是将 6～7 岁并为一组、8～9 岁并为一组，10～13 岁并为一组，14～16 岁并为一组，各组间比较有显著差异。而剩余其他各个频段（δ、θ、β 和 α_1 波）的 6～9 岁组、10～13 岁组和 14～16 岁组的组间没有显著差异（$p>0.05$）（见表 4-53）。

表 4-53　广安地区学生脑电相对功率的比较（百分比）

年龄/岁	δ 波	θ 波	α 波	α_1 波	α_2 波	β 波
6	39.90±5.97	31.28±5.12	28.10±5.93	16.45±5.08	7.65±2.32	3.52±0.80
7	40.54±7.64	28.03±5.56	26.15±5.94	15.10±4.92	11.05±4.28	3.66±0.81
8	45.59±7.04	24.57±4.00	24.26±6.04	13.56±5.35	10.69±3.97	3.82±0.93
9	42.66±7.03	23.87±3.81	27.32±6.97	13.12±5.04	14.20±4.99	4.40±1.18
10	39.75±7.12	22.89±3.81	29.96±7.79	12.35±4.57	17.61±6.06	5.56±1.41
11	36.27±6.76	21.71±3.62	34.31±7.47	12.39±4.80	21.92±6.57	5.72±1.66
12	40.58±7.54	21.02±3.51	31.87±8.24	11.90±4.83	19.96±6.82	4.90±1.19
13	40.52±7.54	21.21±3.55	29.69±8.07	10.91±4.31	18.77±6.75	5.85±1.64
14	38.40±7.50	20.50±3.57	32.26±9.46	10.06±4.21	22.20±8.49	6.40±1.39
15	32.12±7.94	17.81±3.73	38.79±9.16	12.11±5.98	27.06±9.27	5.69±1.66
16	36.00±9.14	17.45±3.74	39.02±11.10	11.79±5.79	27.23±10.60	5.52±1.28

正常脑电图的主要影响因素有年龄、个体差异、精神活动、外界刺激、意识变化和体内生化改变等①②③。而脑电图电位主要起源于皮质神经元，这些神经元在皮质表面下方分层排列，而且每一层内神经元都呈束状排列，并与皮质表面垂直，通过胞体－树突胞膜形成的突触来激活。而脑电图的波形主要由周期和波幅决定；决定脑波周期的主要因素有神经元回路的物理特点（如神经回路的长短、神经纤维的粗细和冲动经过的突触数）、神经元的不应期、神经细胞的物质代谢（物质代谢过程中产生突触后电位）以及大脑皮层神经元的同步化和去同步化程度等因素；另外，波幅的决定因素有大脑皮层神经元的同步化和去同步化程度、神经元排列方向的一致性、皮层神经元的数量及大小、神经元的兴奋性和记录电极与大脑皮层间的距离等因素。同步化程度愈大，则波幅越高，频率越低；反之，去同步化愈大，则波幅越低，频率越高。一般认为多数神经元回路电活动的重叠并相互干涉是 α 波产生的原因④，而这种电活动的节律相一致并且为同一位相时，电位就会相互叠加，从而形成较大波幅的 α 波，这是同步化现象。但是如果某种刺激扰乱这种同步化，各个细胞的放电就会变得不一致，结果 α 波将消失或减弱并出现 β 波，这就是 α 波阻断现象。δ 波的形成可能是由于皮层神经元的不成熟，特别是树突的分支尚不发达，进而导致物质代谢的化学速度缓慢⑤⑥。随着年龄的增长，不但脑细胞的数量增加、体积变大，而且细胞的突起增多、变大并深入皮质各层，脑的机能逐渐发育。所以随年龄

① 刘晓燕. 临床脑电图学［M］. 北京：人民卫生出版社，2006：113-135.

② 庞启明，孟宪梅. 7～15 岁正常儿童脑电 α 波形特点与性格发育的关系研究［J］. 中国医药导刊，2011，13（2）：216-218.

③ 方旭忠. 不同年龄儿童不同状态脑电波量化指标评价［J］. 中国妇幼保健，2012，27（14）：2151-2153.

④ LISI G，MORIMOTO J. EEG single-trial detection of gait speed changes during treadmill walk［J］. PloS one，2015，10（5）：1-28.

⑤ HEESEUNG L，et al. Acute effects of BZP，TFMPP and the combination of BZP and TFMPP in comparison to dexamphetamine on an auditory oddball task using electroencephalography：a single-dose study［J］. Psychopharmacology（Berl），2016，233（5）：863-871.

⑥ LEGA B，et al. Cortico-cortical evoked potentials for sites of early versus late seizure spread in stereoelectroencephalography［J］. Epilepsy research，2015，115（9）：17-29.

增长，慢波减少，而快波增加①②。

研究中四川广安地区男女生脑电各频段的相对功率值具有显著的年龄差异，随着年龄的增长，慢波 δ%和 θ%减少，而 α%和 β%增加，这与大多数学者的研究结果一致。减少的慢波中 θ%占较大部分，而到 16 岁时，δ%仍存在较多，这与前人的研究结果矛盾，以往研究发现 δ 波在 3～5 岁急剧减少，波幅降低并逐渐过渡到 θ 波③，该结果出现的原因可能是研究对象的人数、地域等不同，也可能是 δ 波较多地存在于额区和顶区，发育还不够成熟。而增加的快波 β 波所占比例较小，到 16 岁时只有 6%左右，而 15 岁以后 α 波的优势形成并且基本稳定。但是不同频率 α 波的表现不同，6 岁时 α_1 波为主导频率，随年龄增长 α_1 波的相对功率处于下降的趋势，而 α_2 波活动增加明显；9 岁以后的 α_2 波为主导频率；到 14 岁 α_2 波取代 θ 波的位置，此研究结果与 Pouya 等④的研究结果基本一致。由以上研究结果可知，6～11 岁和 13～15 岁为儿童少年大脑的两个快速发育期。

由脑电各指标的统计学处理可知，总功率和 α_2 相对功率可将儿童少年按 6～7 岁、8～9 岁、10～13 岁和 14～16 岁分组，而其他各指标均可将儿童少年按 6～9 岁、10～13 岁和 14～16 岁分组。该研究结果与宋佳等的研究结果不一致，他们认为儿童 7～14 岁和 6～11 岁可作为统一标准划分，这可能因为脑电特征的个体差异性较大，与所选研究对象的遗传特点、人数、生长环境以及生活质量都有关系⑤⑥。该研究结

① SCHEVERNELS H，et al. Electrophysiological evidence for the involvement of proactive and reactive control in a rewarded stop-signal task [J]. Neuroimage，2015，121 (11)：115-125.

② MAKEIG S，et al. Electroencephalographic brain dynamics following manually responded visual targets [J]. PLoS biology，2004，2 (6)：176-182.

③ 庞启明，孟宪梅. 7～15 岁正常儿童脑电 α 波形特点与性格发育的关系研究 [J]. 中国医药导刊，2011，13 (2)：216-218.

④ POUYA A，STEFANO C，LUCA A. How capable is non-invasive EEG data of predicting the next movement? a mini review [J]. Frontiers in human neuroscience，2013 (7)：124-128.

⑤ 曹河圻，沃建中，林崇德，等. 6～12 岁儿童脑电 α 波频率分布特点与信息加工速度的关系 [J]. 心理学探新，2000，20 (4)：32-37.

⑥ 宋佳，吕莹，王佳，等. 哈尔滨市 6～11 岁儿童脑电相对功率特征分析 [J]. 中国学校卫生，2013 (5)：585-587.

果充分说明儿童少年大脑神经系统发育的阶段性特点。而各个脑区不同频率的 α 波也表现为 6～8 岁以低频率 α_1 为主，随年龄增长 α_1 波比重几乎没有增长，而 α_2 波逐渐上升，9 岁以后一直以高频率 α_2 波为主。这应该与儿童少年逐渐进入青春期，激素的分泌增加等因素有关。

4.5.5　神经系统发育与身体素质敏感期的关系

刘世熠等在 20 世纪 60 年代研究发现[①]，以儿童的脑皮质细胞的振荡基本上达到 α 波范围与 θ 波基本消失作为成熟的指标，则儿童的枕叶到 9 岁基本成熟，颞叶到 11 岁基本成熟，而全皮质（指枕叶、颞叶与顶叶）则到 13 岁才基本成熟。因此，他认为，儿童少年的大脑发育大约在 4 岁至 20 岁中存在两个显著加速的时期，一个是 5～6 岁，一个是 13～14 岁，这两个显著加速的时期里儿童的脑的发展在一定程度上呈现一种“断续”或“飞跃”，然后达到基本成熟。

但随着社会发展进步，儿童生长发育条件的不断改善，沃建中等[②]于 2000 年研究发现，6～12 岁儿童脑电 α 波的发展已明显超前于 20 世纪 60 年代的被试者。就平均频率而言，6 岁被试者 α 波的平均频率已达到 20 世纪 60 年代 10 岁被试者的发展水平，7～10 岁被试者的平均频率介于 20 世纪 60 年代 12 岁和 13 岁被试者的水平之间，11 岁和 12 岁被试者的平均频率则相当于 20 世纪 60 年代 13～14 岁被试者的水平。我们的研究也发现男女生在 11 岁时，基本完成了脑神经的发育，较 20 世纪 60 年代有明显提前。同时在 16 岁时，θ 波的导联间能量百分比还保持在 10%左右，并没有完全消失。我们认为，上述现象可能是社会进步、人口素质提高及早期教育受到重视的结果，这表明外界环境可以大大促进儿童大脑的发育与成熟。此外，对于 6 岁以前的脑神经发育情况，我们将在今后的研究中给予持续关注。

（1）儿童少年位移速度及其与脑电功率的相关性

大脑皮质是中枢神经系统中最重要的部分，其机能主要是通过调节

---

① 刘世熠，邬勤娥．8 岁至 20 岁儿童与青少年脑电图的研究［J］．心理学报，1962（3）：173-183．

② 沃建中，曹河圻，潘昱，等．6～12 岁儿童脑电 α 波的发展特点［J］．心理发展与教育，2000（4）：1-7．

肌肉的张力来协调运动。因此与神经系统发育关系密切的速度、灵敏度和反应速度就成为评价神经发育的指标之一。

通过速度素质分析，四川广安地区测试对象 50m 跑成绩随着年龄的增加而逐渐提高，而且男生一直优于女生；男生的速度素质一直在提高，而女生的速度素质从 13 岁开始处于停滞状态；13 岁以后，男生的速度素质明显高于女生。对广安地区男女生的速度素质与脑电相对功率进行相关性分析，发现 6～12 岁高速度素质 50m 跑的成绩与脑电 θ%、α_1%、θ/β 存在非常显著的相关性（$p<0.01$），呈中度正相关；而与 α%和（δ+θ）/α 存在显著的相关性（$p<0.05$），呈中度负相关；与 α_2%存在非常显著的相关性（$p<0.01$），呈中度负相关；13～16 岁高速度素质少年 50m 跑成绩与各频段相对功率间不存在显著的相关性（$p>0.05$）。也就是说 6～12 岁高速度素质儿童随着 50 m 成绩的提高，脑电 θ%、α_1%、θ/β 和（δ+θ）/α 均增加，而 α%和 α_2%的值减小（见表 4-54）。

表 4-54 广安地区学生高速度素质 50m 跑成绩与各频段相对功率的相关性

年龄/岁	δ%	θ%	α%	α_1%	α_2%	β%	θ/β	(δ+θ)/α
6～12	−0.02	0.66**	−0.35*	0.46**	−0.64**	−0.48**	0.71**	0.34*
13～16	−0.02	0.01	−0.02	0.02	−0.02	0.05	−0.03	0.08

数值为相关系数，*：$p<0.05$，**：$p<0.01$。

儿童少年随着大脑发育的完善，其速度素质也呈稳步增长。在 6 岁以后，大脑神经细胞基本发育完成，主要是神经细胞之间突触的建立、神经细胞放电频率的增加以及神经肌接头之间的发育完善等。当然也有可能与内分泌激素的变化、肌肉蛋白质合成增加、力量增大有关系。在 12 岁之前，速度素质的发展主要依赖神经系统的发育完善，如各脑区 α_2 相对功率和 θ/β 比值是非常重要的因素。而在 12 岁之后，男生和女生速度素质出现明显的发育差别应该受激素的影响较大。

（2）儿童少年反应速度变化特征

人体反应速度的遗传度为 75%①，说明反应速度后天的表现对遗传的依赖程度很高，这就意味着我们必须抓住儿童少年神经发育的快速增

① 谢敏豪，等. 运动员基础训练的人体科学原理［M］. 北京：北京体育大学出版社，2005：42.

长期，加大速度素质练习，才能更有效地提高儿童少年的速度素质。

通过分析测试对象反应速度的趋势变化发现（见图 4-36 和图 4-37），在反应速度的测试中，四川广安地区男生在 6～11 岁，反应速度提高了 0.231s，占 6～16 岁提高总量百分比的 71.5%；湖北潜江地区男生的反应速度在 9～10 岁和 11～13 岁分别提高 0.037s 和 0.042s，占 8～14 岁提高总量的 93.2%。

表 4-55　两地区男生反应时成绩数据

成绩/s	6 岁	7 岁	8 岁	9 岁	10 岁	11 岁	12 岁	13 岁	14 岁	15 岁	16 岁
湖北潜江男生			0.470	0.465	0.428	0.433	0.409	0.391	0.397		
四川广安男生	0.702	0.640	0.612	0.544	0.492	0.471	0.469	0.445	0.414	0.419	0.379

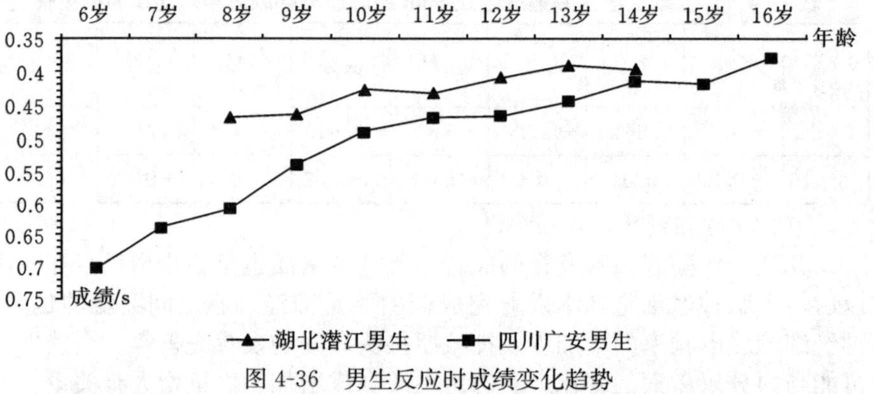

图 4-36　男生反应时成绩变化趋势

而在四川广安地区和湖北潜江地区女生的反应速度测试中，广安地区女生在 6～12 岁，反应速度提高了 0.23s，占 6～16 岁提高总量百分比的 76.7%，其中在 9～11 岁反应速度提高了 0.037s，占 6～16 岁提高总量百分比的 12.3%。潜江地区女生在 10～11 岁反应速度提高了 0.036s，占 8～14 岁提高总量百分比的 39.6%。

湖北潜江地区男女学生反应时成绩均优于四川广安地区同龄男女学生，该结果出现的原因还是与营养的摄入、每日锻炼的时长和效果有关。虽然湖北潜江地区男女学生反应时成绩均优于四川广安地区同龄男女学生，但两地儿童少年反应速度的变化趋势大致相同。

表 4-56 两地区女生反应时成绩数据

成绩/s	6 岁	7 岁	8 岁	9 岁	10 岁	11 岁	12 岁	13 岁	14 岁	15 岁	16 岁
湖北潜江女生			0.496	0.488	0.469	0.433	0.421	0.427	0.405		
四川广安女生	0.739	0.655	0.643	0.539	0.545	0.502	0.509	0.464	0.494	0.448	0.439

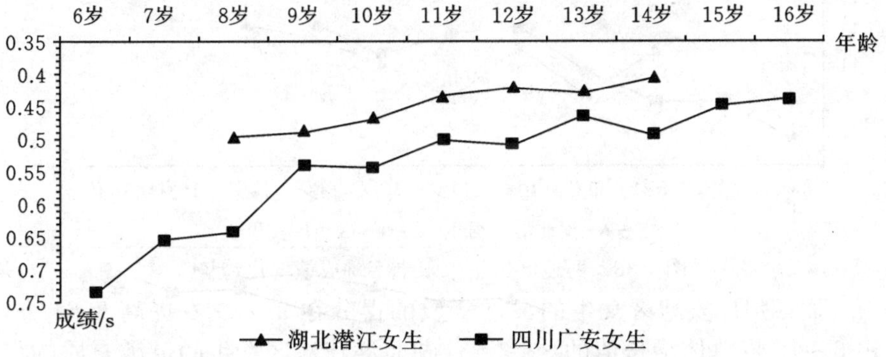

图 4-37 两地区女生反应时成绩变化趋势

（3）儿童少年灵敏素质变化特征

研究受神经系统发育影响较大的灵敏指标（象限十字跳）（见表 4-57、表 4-58、图 4-38、图 4-39），也可以发现，四川广安地区男生在 10～11 岁，灵敏素质的得分不但没有提高，反而下降 0.4 分，出现负增长。同样，湖北潜江地区男生的灵敏素质的得分在 10～11 岁也出现了负增长。总的来说，两地区男生象限十字跳的得分总体是随着身体的发育上升，发展趋势大致相同。

表 4-57 两地区男生象限十字跳成绩数据

成绩/分	6 岁	7 岁	8 岁	9 岁	10 岁	11 岁	12 岁	13 岁	14 岁	15 岁	16 岁
湖北潜江男生			11.80	9.10	11.97	8.85	11.06	12.52	13.25		

续表

成绩/分	6岁	7岁	8岁	9岁	10岁	11岁	12岁	13岁	14岁	15岁	16岁
四川广安男生	6.64	8.80	8.70	10.56	13.17	12.79	11.55	13.35	18.37	16.63	19.73

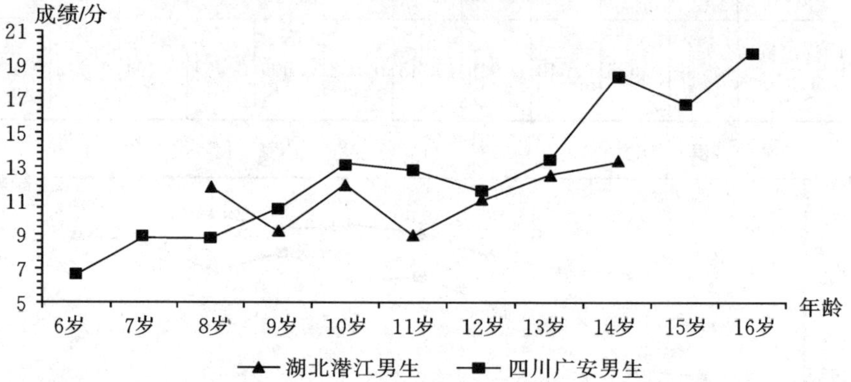

图 4-38 两地区男生象限十字跳成绩变化趋势

而四川广安地区女生的灵敏素质的得分在 9～10 岁提高 3.84 分，占 6～16 岁总体增长值的 32.3%；湖北潜江地区女生的灵敏素质的得分在 9～10 岁提高 2.11 分，是 8～14 岁得分最高年龄段，而广安和潜江两地区女生的得分在 10～11 岁同时出现负增长，灵敏素质的成绩不但没提高，反而分别下降了 3.17 分和 1.21 分。

表 4-58 两地区女生象限十字跳成绩数据

成绩/分	6岁	7岁	8岁	9岁	10岁	11岁	12岁	13岁	14岁	15岁	16岁
湖北潜江女生			8.64	10.06	12.17	10.96	11.97	10.03	10.23		
四川广安女生	7.30	13.90	11.88	13.71	17.55	14.38	15.38	15.24	16.18	19.71	19.19

两地区男生灵敏指标（象限十字跳）水平接近，不存在显著性差异，而广安地区女生的灵敏指标（象限十字跳）明显优于潜江地区女生，且存在显著性差异（$p<0.05$），此现象的出现可能与两地区女生

平时锻炼的时间和强度有关。

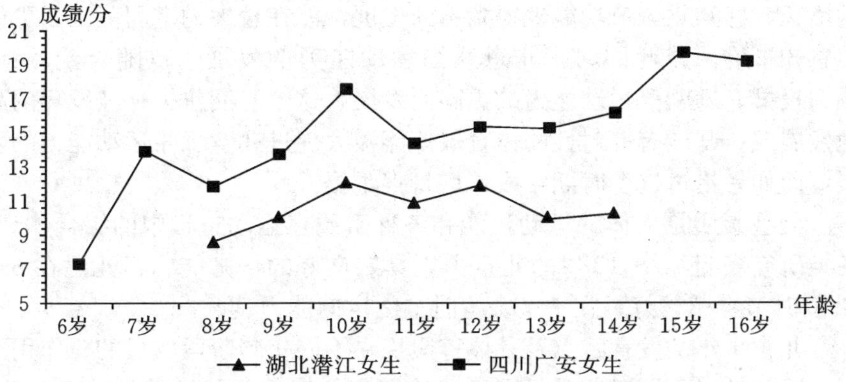

图 4-39 两地区女生象限十字跳成绩变化趋势

由于受研究条件限制，只统计了四川广安地区男女生的脑电数据，从四川广安地区儿童少年的反应速度、速度素质和灵敏素质三项的变化率可以看出，神经系统快速发育时期儿童少年的运动反应速度和速度素质都有明显提高，同时儿童少年速度素质的增加在 12 岁之前主要依赖于神经系统的发育完善。而灵敏素质并未得到显著性提高，有些指标甚至出现下降，这是因为灵敏素质既依赖于速度素质、力量素质，也与协调素质有一定的关系。

再通过对广安地区体育课程设置的研究（见表 4-23、4-24 和4-25），发现广安地区男女生 9～11 岁体育课跳跃练习由蹲踞式跳远、跨越式跳高和小游戏组成，跳绳练习以集体跳长绳为主，虽有提高反应与灵敏的练习内容，但整个学年课时安排偏低，仅占 11.8%～14.7%；同时体操（技巧类）作为很好的练习灵敏和协调素质的手段，安排的内容却以跳山羊、分腿腾跃等力量素质练习为主，严重偏离教学目的。可见，该地区学校体育课程安排没有抓住儿童少年神经系统发育的快速增长期，也没有针对性的练习方法和手段。

4.5.6 灵敏素质练习对策

儿童少年的感知能力是随着年龄的增长不断发展起来的，这种发展对儿童的学习、运动能力的提高关系紧密，特别是与第二信号系统活动水平的提高密切相关。儿童视觉敏锐度从 6 岁起不断提高，到 15 岁时几乎增加了 60%，在一定程度上达到或超过成人发展水平。随着年龄的增长，感知觉调节功能也得到不断发展，能在较大的空间范围内更好地感知事物。与此同时，儿童感知运动能力的发展，也随着走、跑、跳、投掷、攀爬等运动能力的提高而发展，这个时期作为神经发育的高速发展期，开展有针对性的体育锻炼能极大促进儿童少年运动能力的发展，而如果错过这个时期，成年后将很难提升。

灵敏素质是人体的运动机能和各种素质在运动过程中的综合体现，各类研究表明，7～12 岁的儿童少年具有良好的认知能力：儿童在 6～12 岁时节奏感较好，在 7～11 岁时空间定向能力良好。

儿童少年的发育特点及其体育锻炼在不同年龄阶段的目的、作用不同，因此针对不同时期、不同发展阶段的儿童少年的运动训练在方法、手段的应用上也应有所调整。尤其是儿童阶段应该采用一些自然的练习手段，如跑、跳、跃、钻、爬、摸、滚、翻、蹦、踢、攀、滑、拉、拽、击打等。这些源于本能的动作练习，会将儿童导入自觉的运动状态中，激发他们的生理潜能和参与热情，从而实现协调、灵敏素质的全面提高。

同时，还可适度地诱导儿童主动或被动完成抢、夺、推、搡、阻、拦、抱、摔等对抗性竞技动作，提高他们的灵活意识。为激发儿童少年的运动兴趣，还应该专门设计摔、陷、绊、跌、失衡等被动性运动机会，这些平时生活中很少遇到的动作恰恰是对灵敏反应最好的练习。

建议在神经发育快速增长期，体育课的教学内容设计中，多采用各类快速变向的练习，可以在练习中多次改变动作的频率和节奏，并加大体操项目的练习，利用体操垫做各种倒立、平衡、翻滚等练习。同时为提高儿童少年对体育课的学习兴趣，建议增加各类具有趣味性、竞争性的追逐类、应答类和集体类游戏。

4.5.7 小结

随着身体形态的发展变化，人体各器官系统的发育彼此也不平衡。神经系统的发育最早，而生殖系统的发育较晚。在脑的发育过程中，婴儿脑重只有成人时期的 25%，到 6 岁时脑的重量已经达到成年人的 90%。随着脑的发育，神经系统的功能也迅速发展。青春发育期到来后，脑电中 α 波的百分比不断上升，同时 θ 波逐渐减少，儿童脑电图的主要特点为频率由慢逐渐变快、从不稳定到稳定，是儿童少年脑发育成熟的重要指标。

儿童少年神经发育的第二次高峰期，广安地区男女生均是9～11岁。男女均在11岁时出现增长高峰，表明在此阶段，基本完成了脑神经的发育，此研究结果较20世纪60年代有明显提前，但与近几年研究结果一致，说明外界环境可以促进儿童大脑的发育与成熟。

而广安地区与潜江地区测试对象在速度素质敏感期（快速增长期）既有相似之处又有细小的差别。针对这种情况，我们在确定敏感期时，就更应该考虑人体各系统机能的发展规律，依据这些内在的本质规律去探寻外在事物的发展条件。

神经系统的发育与速度素质的提高关系密切，这就提示我们，要想有效提高速度素质，就应充分利用神经发育快速发展时期，通过对神经系统的监控，准确掌握速度素质特别是反应速度发展敏感期，在此阶段的体育锻炼中，增加针对速度素质的练习与手段，提高练习比例。

4.6 儿童少年生理功能变化与身体素质敏感期

4.6.1 不同地区儿童少年运动素质发展敏感期

（1）现有敏感期界定标准的异议

①国外敏感期年龄界定标准的研究

20世纪80年代，苏联科学院生理研究所曾对莫斯科、亚美尼亚等地11 000多名学生进行身体素质的测试，并以年增长率的均值加减一个标准差（$\overline{\chi}\pm s$）作为身体素质发展敏感期的界定标准，较早地提出了儿童青少年身体素质的特点和敏感期。Loko 等[①]（2000）在对爱沙尼亚10～17岁普通女生生长发育与运动成绩的特征研究时，以年增长率的均值加减一个标准差作为体能发展敏感期范围界定的标准。Suslov[②]（2002）基于同样的界定标准，对儿童青少年体能发展敏感期实施运动

① LOKO J，et al. Motor performance status in 10 to 17-years-old Estonian girls [J]. Scandinavian journal medicine & science in sports，2000，10 (2)：109-113.

② SUSLOV F. For school and beginers — About the sensitive age in the development of physical capacities [J]. Modern athlete and coach，2002，40 (3)：31-33.

干预效果的实证研究。较多国外研究对于敏感期的界定标准基本一致，以年增长率的均值加减一个标准差作为敏感期的界定标准①②③④。

②国内敏感期年龄界定标准的研究

a. 年增长率的均值加减一个标准差。

国内学者邢文华最早将敏感期理论应用到体育中，提出运动素质敏感期的界定标准，即以年增长率的均值加减一个标准差作为敏感期的界定标准。年增长率等于或大于标准值的年龄阶段为敏感期，小于标准值的年龄阶段为非敏感期。随着国内敏感期研究的不断深入，基于同一界定标准的研究，如谢敏豪⑤、杨世勇⑥、李鸿江⑦等从儿童青少年体能训练视角，以及支二林⑧、乔秀梅⑨等从中小学生体能教学的视角，为儿童青少年体能发展敏感期的训练与教学提供科学依据。

b. 年增长率的均值加减 0.7 个标准差。

李文家⑩在对深圳市 11～18 岁中学生五项身体素质敏感期的研究时，以年增长率的平均数加减 0.7 个标准差，作为敏感期界定标准。研

① ONIS M. Relationship between physical growth and motor development in the WHO child growth standards [J]. Acta Paediatrica，2007，95 (S450)：96-101.

② INGUNN F，et al. Measuring physical fitness in children who are 5 to 12 years old with a test battery that is functional and easy to administer [J]. Physical therapy，2011，91 (7)：1087-1095.

③ SAAR M，JÜRIMAE T. The relationships between anthropometry，physical activity and motor ability in 10-17-year-olds [J]. Journal of human movement studies，2004，47 (1)：1-12.

④ VESCOVI J D，et al. Physical performance characteristics of high-level female soccer players 12-21 years of age [J]. Scandinavian journal of medicine & science in sports，2011，21 (5)：670-678.

⑤ 谢敏豪，等. 运动员基础训练的人体科学原理 [M]. 北京：北京体育大学出版社，2005：20-24.

⑥ 杨世勇，等. 体能训练学 [M]. 成都：四川科学技术出版社，2002.

⑦ 李鸿江. 青少年体能锻炼 [M]. 北京：高等教育出版社，2007.

⑧ 支二林，郭宏伟. 7～21 岁城市男学生身体素质发展敏感期的研究 [J]. 现代中小学教育，1992 (3)：50-52.

⑨ 乔秀梅，张秀枝，赵焕彬，等. 敏感期小学生灵敏素质促进的干预实验研究 [J]. 体育学刊，2013 (5)：89-92.

⑩ 李文家. 深圳市中学生身体素质发展敏感期初探 [J]. 体育师友，1997 (3)：13-14.

究表明：五项身体素质年增长量呈不等量的增长，其规律表现为一年增长量大，次年增长量小，呈大、小交替增长的现象。年增长量最大年龄，男女生都在 11～14 岁，男生在 13～14 岁出现年增长高峰，而女生的高峰略提前一两个年龄阶段。张楠[①]基于相同的敏感期界定标准，采用动态分析法对绵阳市两所中学学生进行了为期四年的跟踪调查。结果认为：男女学生身体素质敏感期存在着一定的差别，男生的敏感年龄分布比较均匀，随年龄不同，项目不同。女生的敏感年龄主要分布在初中阶段，同时在小学阶段可以适当减少部分敏感项目，这可能与男生、女生青春期发育早晚有关。

c. 年增长率的均值加减半个标准差。

湖北省体科所邓华源[②]探讨儿童青少年速度的增长规律及敏感期的确定，在 1979 年湖北省青少儿五项素质测试的基础上，采用追踪研究法，以年增长率均值加减半个标准差作为临界值来确定速度素质的敏感期和非敏感期。结果表明：速度敏感期有持续的年龄阶段，也有分散的年龄点。男童青少年速度敏感期为 8 岁、13～15 岁，女童青少年为 8～9 岁、12 岁。杜海云等[③]对云南省五个民族学生的身体素质敏感期趋势研究、及化娟等[④]对河北省城市学生青少年的身体素质敏感期测定，均基于相同的敏感期界定标准。

d. 年度增长率在 9%以上的年龄作为敏感期。

李志双[⑤]在对石家庄中小学生速度素质敏感期运动处方的研究中，通过对 1985 年、1991 年、1995 年三次体质调研大量数据的统计分析，

---

① 张楠. 对中学生身体素质发展敏感期的研究 [J]. 绵阳师范高等专科学校学报，2000 (5)：66-69.

② 邓华源. 少年儿童速度素质的增长敏感期 [J]. 武汉体育学院学报，1982，25 (2)：61-65.

③ 杜海云，郎佳麟，吕慧. 云南省五个民族学生身体素质敏感期趋势研究 [J]. 中国校医，1997，11 (5)：328-329.

④ 及化娟，梁月红. 青少年身体素质敏感期测定及其体育课程设置探析 [J]. 河北工业科技，2011，28 (2)：112-114.

⑤ 李志双. 省会中小学生速度素质敏感期运动处方的研究 [D]. 石家庄：河北师范大学，2002.

以年度增长在9%以上的年龄段作为敏感期的界定标准，确定7～22岁儿童青少年速度发展敏感期。此外，冯国群[①]对青少年速度素质敏感期运动处方的研究、周君来等[②]对6～22岁学生身体素质敏感期变化特征的研究，都运用了同样的界定标准。

综上所述，有关体能发展敏感期的界定，国外学者的研究基本一致，即以年增长率的均值加减一个标准差作为敏感期的界定标准。而目前国内学者对敏感期界定标准的研究尚不完全统一。标准不同，必然会导致“敏感期”衍生结果出现多种解释，以致难以形成科学的研究成果。由此可见，敏感期界定标准的研究国内外有待进一步统一。

（2）内在生理功能变化指标是敏感期界定标准的依据

关于运动能力敏感期（快速增长期）判定标准的问题，我们依据使用最广泛的标准：判断运动素质发展的敏感期依据某项素质的年增长率的均值加标准差，即$\bar{\chi}+1s$作为临界值，其年增长率大于或等于临界值年龄的为该素质发展的敏感期。则敏感期的区间确定为：$\chi_i \geqslant \bar{\chi}+1s$（$\chi_i$为某一年龄的增长率）。包括全国体育学院通用教材《运动生理学》书中也有同样表述[③]。

为此，我们利用《2010年中国学生体质与健康调研报告》中的数据，对相关的运动素质进行了全国、四川广安地区和湖北潜江地区测试数据的对比研究。以全国非少数民族聚居城市学生力量素质（握力）指标为例，表4-59反映了男女生各年龄握力素质的均值加减标准差，利用图4-40可以判读出女生力量素质（握力）增长的敏感期在8～11岁，而男生力量素质（握力）增长的敏感期在12～13岁。

表4-59　7～19岁全国非少数民族聚居城市学生力量素质（握力）年增长率

年龄/岁	男			女		
	n	$\bar{\chi}\pm s$	年增长率/%	n	$\bar{\chi}\pm s$	年增长率/%
7	4471	10.31±2.98		4453		8.96±2.57

① 冯国群．青少年速度素质敏感期运动处方的研究［D］．石家庄：河北师范大学，2004.

② 周君来，李爱春．6—22岁学生身体素质敏感期变化特征研究［C］．浙江省第十四届运动会体育科学论文报告会，2010：244-248.

③ 全国体育院校教材委员会．运动生理学［M］．北京：人民体育出版社，2002：382-383.

续表

年龄/岁	男			女		
	n	$\bar{\chi}\pm s$	年增长率/%	n	$\bar{\chi}\pm s$	年增长率/%
8	4481	12.00±3.03	16.39	4461	10.54±2.97	17.63
9	4480	13.94±3.57	16.17	4485	12.32±3.23	16.89
10	4488	15.97±3.86	14.56	4487	14.53±3.72	17.94
11	4498	18.54±4.66	16.09	4495	17.10±4.33	17.69
12	4483	22.58±6.30	21.79	4481	19.54±4.86	14.27
13	4486	28.64±7.31	26.84	4485	22.03±4.72	12.74
14	4487	33.81±7.54	18.05	4494	23.31±4.84	5.81
15	4489	37.69±7.44	11.48	4482	24.41±4.93	4.72
16	4476	40.17±7.08	6.58	4453	25.08±4.82	2.74
17	4488	41.82±7.08	4.11	4484	25.78±5.11	2.79
18	4475	42.79±7.37	2.32	4434	26.13±4.94	1.36
19	2969	42.65±7.79	−0.33	2983	25.79±5.19	−1.30

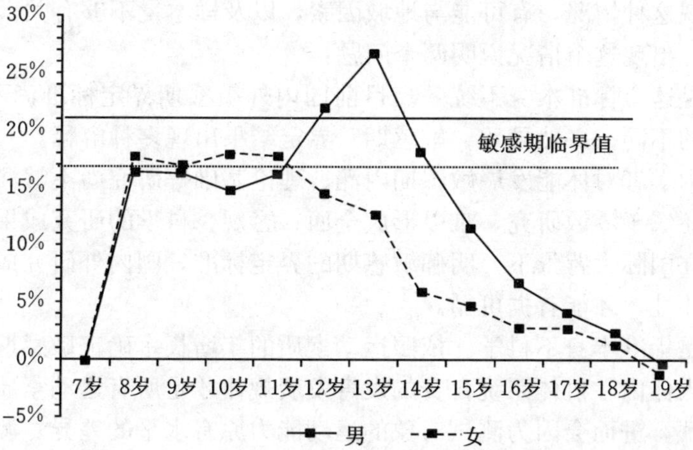

图 4-40 全国非少数民族聚居城市学生力量素质（握力）敏感期判读

依照此方法，通过全国、四川广安和湖北潜江的测试数据对比发现，其中差异较大（见表 4-60）。如对小学耐力素质敏感期的测试，全国数据计算出来是 12 岁，四川广安数据计算的结果为 7 岁，湖北潜江测试数据计算的结果为 11 岁，三者有较大差异。

表 4-60　不同测试地区儿童少年运动素质发展敏感期

运动项目	全国		四川广安		湖北潜江	
	男/岁	女/岁	男/岁	女/岁	男/岁	女/岁
速度（50m 跑）	8；13	8～10	7；13	7～9	9	11
力量（握力）	12～13	8～11	7；14	7	13	12
中学阶段耐力（女 800m 跑、男 1000m 跑）	13～14	14	14	13	13	13
小学阶段耐力（50m×8 跑）	12	10	7	7	11	9～11
柔韧性（坐位体前屈）	12～16	13；15	8；12；14	13	8；12；14	13
爆发力（立定跳远）	8；13	8～10	10；13	7～8	10；13	8～10
肌力（1min 仰卧起坐）		8～9	7	8～9；11	8	9；12

出现这种情况，有可能与地域因素，以及样本量不够有关。但是究其本质，出现这个情况说明两个问题：

一是这个标准本身不统一。目前国内外敏感期界定标准尚不统一，而标准的不同，必然导致“敏感期”界定结果出现多种解释。一定程度反映国内学者对体能发展敏感期内涵、理论基础等研究尚不够深入，许多研究还属于零散研究，难以形成全面、客观、科学的研究成果。未来研究应在国际大背景下，明确敏感期的界定标准，国内外研究成果方能具有可比性，才能有据可循。

二是标准本身不科学。依照运动素质的年增长率确定敏感期，恰恰忽视了人体内在机体系统自身的发育发展规律才是所有运动素质变化的本质特征。进而会因为测试对象的运动能力原有水平的差异、测试地区体育课锻炼效果的好坏等外在因素的影响而导致较大的偏差。

身体素质发展敏感期是儿童青少年生长过程中一段特殊的时期，生理特征（身体形态、体成分等）的变化只是其外在表现形式，还受心理、遗传、环境等内在因素的影响。近年来分子遗传学通过孪生子分析、过继亲属分析、同胞兄妹分析、父子母子分析等研究，揭示了遗传对人类的健康和体能有重要影响①②③。亦有诸多研究表明，大气污染（颗粒物、PM_{10}和$PM_{2.5}$、SO_2、NO_2和O_3等）明显损害儿童心肺等的健康，进而影响儿童的体能发展水平④。因此，未来体能发展敏感期研究应考虑从单一因素研究范式向多视角综合性研究范式转变。这也就提醒我们，在对运动能力发展特征的研究中，必须考虑人体各系统机能的发展规律，依据这些内在的本质规律去探寻外在的事物发展，这才是科学客观的发展之路。

4.6.2 不同地区儿童少年生理功能变化特征

我们使用同样的方法对不同地区儿童少年的生理功能指标进行分析比较。由于受实验条件限制，只对四川广安地区的测试对象进行了血液检查和脑电图检查，只对四川广安地区和湖北潜江地区的测试对象进行了超声心动图检查，具体数据见表4-61。

表4-61 不同测试地区儿童少年生理功能变化的敏感期

生理功能	全国		四川广安		湖北潜江	
	男/岁	女/岁	男/岁	女/岁	男/岁	女/岁
身高	8；13	9～11	7；10；13	11	10；13	11
体重	9；12	9～11	9～10，13	7；10；12	10；12～13	11；13
瘦体重/体重			8；14	11	9；14	10～12
每搏输出量			9～11；12～14	9；11～13	11～13	11

① 张传芳，王沥，张涛，等. 人类的体能与遗传［J］. 遗传学报：英文版，2004，31（3）：317-324.

② 张涛，张传芳，金锋，等. 体能相关基因研究的新进展［J］. 遗传，2004，26（2）：219-226.

③ 何子红，胡扬. 体能训练个性化新指标——基因标记［J］. 中国运动医学杂志，2010（5）：597-606.

④ 尹小俭，邓玉强，饶坤，等. 加强大气污染对儿童心肺功能影响的研究［J］. 中国学校卫生，2015，36（6）：805-808.

续表

生理功能	全国		四川广安		湖北潜江	
	男/岁	女/岁	男/岁	女/岁	男/岁	女/岁
血睾酮			13～15	10～12		
GH			6；9；12	7～8；11；15		
IGF-1			6；10；12	6；12～15		
脑电波			10～11	9～11		

对比全国、四川广安和湖北潜江已有的数据发现，三者在身高和体重两项变化上有些许差异，总体差距不大。四川广安和湖北潜江男女生在瘦体重/体重和每搏输出量的对比上，变化也比较接近。身体素质作为人体机能的外显表现，其最终受制于各机能系统的发展规律。运动实践已经证明，人体生理机能水平的发展最终所能达到的高度，将直接关系到身体素质的发展和运动能力的最终表现。

在研究多种机能系统遗传度的同时，我们也注意到，各身体素质本身也具有一定的遗传度。如受神经发育影响最大的反应速度遗传度达75%，而动作速度由于受动作技巧复杂性和熟练度的影响，可以说是先天基础与后天训练的结合，遗传度只有50%。一般来说，由于体重的增长，特别是去脂体重的增长，力量相应增大。力量中绝对力量素质的遗传度为35%。相对力量受遗传的影响，明显大于绝对力量，遗传度达到64%。耐力中无氧耐力的遗传度为85%，有氧耐力的遗传度为70%。身体素质本身的遗传特点也就决定了，通过后天训练改造这些运动素质客观上会存在一定的困难。在力量、速度和耐力这三大素质中，能通过后天训练改造最大的是力量素质，其中对绝对力量素质的改变最大，而改变相对力量、速度力量比绝对力量更加困难，这两者改变百分比远低于前者。其次是耐力素质，在青春期发育充分发展基础上，男性还有近7%的提高潜力，女性还有10%的提高潜力。最困难的是速度素质，在青春发育期充分发展后，男性仅有4%～5%的提高潜力，女性还有7%～8%的提高潜力。可见提高各身体素质的水平本身就是一件相当困难的事，它们自身或高或低的遗传度和上升空间也制约着自身的发展。这就更要求我们摸清和掌握对身体素质有巨大影响的、人体相关机能系统的内在发展规律，在体成分、心脏功能、内分泌和神经系统等发育的快速增长期，有针对性地设计和实施运动练习方案与手段，最大程度地提高锻炼效率。

4.6.3 儿童少年生理功能变化与身体素质敏感期关系

上文已经分析了多项生理功能指标与身体素质的关系，我们可以明显看出，不同的生理功能指标和不同的身体素质有着明显的关联性。同时这种影响是贯穿整个儿童少年发育过程的。儿童少年身体素质的发展，既整体向前发展，同时不同的素质又有着各自发育的特点。在发育过程中，身体素质所展现的运动能力既受到内部生理功能变化的影响，也受到外部体育训练的促进。例如四川广安地区女生血睾酮高峰期出现在 10～12 岁，但该地区女生的立定跳远成绩在 9～16 岁提高了 19.7%，在 10～12 岁只提高了 2.9%，在 6～9 岁增速最快，从 94.2cm 提高到 147.4cm，女生的成绩增长率大大低于血睾酮浓度增长率。显然受测试女生的力量素质的提高与血睾酮指标的提高不同步。分析体育课程，发现四川广安地区六年级的体育课教学内容主要包括体育的基本常识、队列队形（包括广播操和韵律操）、球类运动、走跑练习（包括短跑和耐力跑技术）、投掷、技巧（包括单双杠和垫上练习），在七—九年级主要增加了素质练习和武术练习，应该说教学内容还是比较丰富的，但在这个阶段专门的力量素质练习，六年级为零，而七—九年级仅仅为 2%～6.3%，远远不能满足学生力量增长的需求。可见，中学体育课程教学内容的安排并没有遵循儿童少年身体机能自然增长的规律，缺乏必要的针对性。因此，这可能是青少年身体机能和身体素质难以提高的原因之一。身体素质的发展不仅要把握敏感期，同时要在各项身体素质敏感期进行有针对性的教学与训练，才能将生理变化的高峰转化为外显的身体素质的大幅度提升。同时，利用人体某些稳定的生理生化指标能合理地判读身体素质敏感期。

不同的身体素质都是由多种生理功能共同促进影响的，例如，速度素质，即与去脂体重/体重有直接关系（对于绝大多数运动员来说，良好的肌肉力量和爆发力是提高运动能力的重要条件，体脂过多将降低运动速度，增加能量消耗，因而影响运动员肌肉力量、爆发力、灵敏性及技术水平的发挥。去脂体重与去脂体重/体重指标的增长，将有效地提高肌肉比率，提升肌肉力量和速度），又与神经系统发育有直接关系（大脑皮质是中枢神经系统中最重要的部分，其机能主要是通过调节肌肉的张力来协调运动。因此与神经系统发育关系密切的速度、灵敏度和反应速度就成为评价神经发育的重要指标）。因此，通过上文分析与指标筛选得出以下有效生理生化指标评定儿童少年身体素质敏感期，具体见表 4-62。

表 4-62　儿童少年生理功能变化与身体素质敏感期对应表

身体素质	生理功能变化
速度素质	去脂体重/体重；神经系统（α_2波和 θ 波）
耐力素质	每搏输出量
力量素质	血睾酮；GH；IGF-1
灵敏素质	神经系统（α_2波和 θ 波）

5 结论与建议

5.1 结论

（1）儿童少年青春发育期，女生开始于 10 岁，发育高峰期出现在 11 岁；男生开始于 12 岁，发育高峰期出现在 13 岁。其 BMI 指标、去脂体重/体重指标严重影响身体素质的发展。

（2）6～16 岁儿童少年的血睾酮指标快速增长期，男生为 11～15 岁，女生为 10～12 岁。男女生血睾酮快速增长期与青春期开始时间一致，提示在此阶段通过有目的的适量力量训练，有利于提高锻炼效率，克服青春发育期男女生脂肪过快增长带来的不利影响。

（3）6～16 岁儿童少年的生长激素和 IGF-1 的快速增长期，男生为 10～12 岁，女生为 14～15 岁。6～7 岁生长激素出现高浓度值，提示生长激素在 6 岁之前存在快速增长期，为早期力量训练提供了可能。

（4）6～16 岁儿童年少的心脏形态结构从 11 岁开始，心脏功能从 13 岁开始出现性别差异。其中男生的心脏功能指标发育从 9～10 岁开始，而形态结构指标发育从 11～12 岁开始，功能指标发育早于形态结构指标；而女生两者同步发育，且分别在 9～10 岁及 13～14 岁出现发育高峰期，呈现双峰状态。心脏功能指标的发育意味着儿童少年耐力素质训练的潜力不断增加。

（5）6～16 岁儿童少年的各区脑电图具有明显的年龄阶段特征，其中 6～11 岁和 13～15 岁是儿童少年脑发育的快速增长期。儿童少年速度素质的增加在 12 岁之前主要依赖于神经系统的发育完善。

（6）利用遗传度高的激素水平的变化规律探索儿童少年力量素质运动敏感期，可以更准确地判读运动素质敏感期的时间节点，较大程度避免单纯依靠运动素质变化判断敏感期带来的地区差异性。

5.2 建议

儿童少年身体素质发展阶段特征的研究是一项长期的、巨大的系统工程。从宏观方面来看，此研究涉及社会、地理、人文、种族等自然区分；从微观方面来说，研究内容涉及人体身体形态、生理机能、神经发育、激素水平等内在因素，并且相互交织，共同作用于儿童少年各项身体素质的发展。本研究虽然做了较为翔实的实证研究与分析工作，但纵观整个研究过程，仍有许多不足，建议后续研究可以从以下几方面展开：

（1）在样本量的选择上，因为经费有限、测试任务重、时间紧等原因，采用了体质定点单位随机抽样的方法，获得的数据有限。建议在今后的研究中，采用系统分层抽样，扩大抽样地区与样本量的选取，同时研究应该贯穿整个儿童青少年期，最终做出正确的评价。

（2）由于研究时间短，本研究只进行了横断面研究。横断面研究仅能反映生长速度的集中趋势，无法反映生长速度的变异情况，因此，建议今后采用纵向追踪的方式进一步深入研究。

（3）身体素质受人体多种机能发育的共同作用，本研究仅就相关机能进行了初步研究，未涉及各机能系统相互之间的影响与作用。建议今后从多种生理机能关系上入手，研究多机能系统对单个身体素质和多机能相互影响，以及多机能对综合身体素质相互影响。

（4）在确定身体素质快速增长期后，下一步可以针对相应年龄段运动能力不足的问题，进行有针对性的运动干预，以验证结果的正确性。

参考文献

［1］中国学生体质与健康研究组. 2010 年中国学生体质与健康调研报告［M］. 北京：高等教育出版社，2012.

［2］中国学生体质与健康研究组. 2000 年中国学生体质与健康调研报告［M］. 北京：高等教育出版社，2002.

［3］田麦久，刘大庆. 运动训练学［M］. 北京：人民体育出版社，2000.

［4］杨锡让，傅浩坚. 运动生理学进展：质疑与思考［M］. 北京：北京体育大学出版社，2000.

［5］季成叶. 现代儿童少年卫生学［M］. 2 版. 北京：人民卫生出版社，2010.

［6］杨桦. 加强青少年体育 为中华民族的伟大复兴注入新活力［J］. 青少年体育，2012（1）：4.

［7］陈小平. 重塑我国训练理论的运动生物学基础［J］. 体育科学，2010（11）：17-23.

［8］唐汝安. 对少儿血清睾酮遗传度的双生子研究［Z］. 北京亚科会论文集，1990.

［9］全治非. 雄激素的生理作用及相关因素国内研究近况［J］. 体育科学，1992（3）：66-68.

［10］潘复平，徐苏恩，张国栋，等. 214 名青少年血清生长激素与骨龄及生长突增高峰的相关［J］. 上海第一医学院学报，1984（5）：357-360.

［11］杨若愚，沈勋章，蔡广. 上海市中小学生不同发育阶段睾酮雌二醇水平及与骨龄的相关性［J］. 中国学校卫生，2011，32（7）：883-884.

［12］朱海燕，陈佩杰，段子才，等. 男性青少年发育过程中血清胰岛素样生长因子-1 和睾酮水平与下肢骨骼和肌肉形态，机能发育的

关系及运动训练对其的影响［C］. 第 9 届全国运动医学学术会议，2002.

［13］朱海燕，陈佩杰. 男性青少年生长发育、睾酮与运动训练［J］. 青少年体育，2003（5）：30-31.

［14］邵慧秋，严政，戴秀霞. 江苏省青少年运动员血睾酮水平的调查与分析［J］. 体育与科学，1996（3）：28-31.

［15］罗兴华，雷桂成，黄美好，等. 青春期少儿运动员血清睾酮水平及其相关因素多元线性回归分析的研究［J］. 中国运动医学杂志，1991，10（1）：51-55.

［16］刘振玉，张一兵，黄耕培. 身体锻炼对矮身材儿童生长激素分泌功能影响的研究［J］. 天津体育学院学报，1999，14（4）：8-10.

［17］饶国洲，彭健，刘明. 学龄前儿童血清生长激素放射免疫测定 69 例［J］. 第四军医大学学报，1992（2）：155-156.

［18］贺道远，曾凡星. 生长激素、胰岛素样生长因子Ⅰ轴和运动［J］. 中国临床康复，2006，10（16）：153-155.

［19］戴志燕. 运动对人体内分泌机能的影响［J］. 南京体育学院学报（自然科学版），2005，4（4）：15-16.

［20］武东明，江崇民，蔡睿. 我国成年男性居民不同身体部位最大力量特征研究［J］. 中国体育科技，2015，51（6）：134-138.

［21］MALIAN R M. 生长发育与体力活动、运动能力及体适能关系研究的 10 大问题［J］. 北京体育大学学报，2015，38（10）：43-58.

［22］范洪彬，孙有平，季浏. 体质测试中力量素质评价指标与测试方法的国际比较与启示［J］. 体育科学，2015，35（1）：80-87.

［23］李红娟，邢文华. 女性青春期发育的内分泌调控［J］. 北京体育大学学报，2008，31（4）：466-470.

［24］王卫平. 小儿生长激素分泌调节障碍与身材矮小［J］. 国外医学：儿科学分册，1990（4）：177-181.

［25］崔庆华，张云，薛元明，等. 健康儿童、青少年血清生长激素的参考值调查［J］. 放射免疫学杂志，2000，13（2）：73-74.

［26］崔庆华，张云，罗尧生，等. 健康儿童和青少年血清生长激素的测定和分析［J］. 云南医药，2000（5）：376-377.

［27］南相华．青少年速滑运动员血清睾酮水平［J］．冰雪运动，2003（1）：66-67；73.

［28］张亨菊，李耀．单纯性肥胖青少年性发育的调查分析［J］．卫生研究，1997（4）：33-36.

［29］霍建勋，徐能义．125例男性少年唾液睾酮水平与体成分关系的研究［J］．中国公共卫生学报，1995，14（1）：16-17.

［30］张颖，赵克勇，张立．U-15男子足球运动员血睾酮与生长激素变化特点及对有氧能力的影响［J］．武汉体育学院学报，2008，42（9）：73-77.

［31］池建，张一民，李耀章．7～12岁不同发育类型儿童少年力量素质的变化特征［J］．体育科学，1997（4）：55-60.

［32］唐汝安，韩德纯．同一年龄不同发育类型之间儿童少年运动员形态、机能、运动能力的差异［J］．体育科学，1984（4）：19-25.

［33］魏小平，刘友学，陈庆忠，等．国内外儿童牛奶补充项目研究现状［J］．重庆医学，2011，40（15）：1535-1537.

［34］李恩荆，刘大庆，张一民，等．不同发育水平儿童少年力量素质与激素水平的变化规律与关联分析［J］．武汉体育学院学报，2019，53（3）：50-57.

［35］吴键，向静文，袁圣敏．中国1985—2010年儿童青少年爆发力素质发展敏感期变化［J］．中国学校卫生，2018，39（8）：1132-1134.

［36］刘德林．青少年身体成分、体力活动、身体素质之间的关系［D］．太原：太原理工大学，2018.

［37］袁圣敏，吴键．中国儿童青少年1985—2010年速度素质发展敏感期变化［J］．中国学校卫生，2018，39（2）：304-306.

［38］汪君萍，刘凯文．青少年生长发育的速度素质特征与发展阶段研究［J］．广州体育学院学报，2017，37（6）：100-104.

［39］汪军，马兰，李恩荆，等．青少年脑电发育特点与速度素质关系的研究［J］．成都体育学院学报，2017，43（1）：94-99.

［40］周国海，季浏，尹小俭．儿童青少年体能发展敏感期相关热点问题［J］．成都体育学院学报，2016，42（6）：114-120.

［41］安雅欣（Sumbal Kaynat）. 中国大学生和巴基斯坦在华留学生身体形态、机能及部分素质指标的比较研究［D］. 北京：首都体育学院，2016.

［42］岳聪. 不同地域环境下黎、藏族青少年身体机能动态监测与研究［D］. 海口：海南师范大学，2016.

［43］卓金源，米靖，苏士强. "敏感期"是否对训练敏感：不同年龄段青少年力量训练效果的实验研究［J］. 北京体育大学学报，2015，38（10）：139-145.

［44］张强峰. 身体素养导向的《国家学生体质健康标准》（小学阶段）制订分析与实施研究［D］. 长沙：湖南师范大学，2019.

［45］谢宏梅. 功能训练对 10—12 岁学生灵敏素质影响的研究［D］. 北京：北京体育大学，2019.

［46］赵胜. 上海市中小学生久坐行为与身体质量指数和体质的关系研究［D］. 上海：上海体育学院，2019.

［47］陈贻珊. 预防青少年心血管病危险因素聚集的适宜心肺耐力及身体活动量的研究［D］. 北京：北京体育大学，2019.

［48］张涛. 2005—2014 年山西省汉族 7—18 岁儿童青少年体质状况动态分析及对策研究［D］. 太原：太原理工大学，2019.

［49］刘媛. 儿童青少年 BMI 和腰围与体能指数的相关性研究［D］. 上海：华东师范大学，2019.

［50］阴欢. 体质健康标准演变与学生体质关系的探讨［D］. 西安：陕西师范大学，2017.

［51］WIDEMAN L，et al. Growth hormone release during acute and chronic aerobic and resistance exercise：recent findings［J］. Sports medicine，2002，32（15）：987-1004.

［52］SCHMIDT A，et al. Acute exercise has no effect on ghrelin plasma concentrations［J］. Hormone and metabolic research，2004，36（3）：174-177.

［53］SARTORIO A，et al. Gender，age，body composition-and training workload-dependent differences of GH response to a discipline-specific training session in elite athletes：a study on the field［J］.

Journal of endocrinol investigation, 2004, 27 (2): 121-129.

[54] KOKALAS N, et al. Hormonal responses to three training protocols in rowing [J]. European journal of applied physiology, 2004, 92 (1-2): 128-132.

[55] WELTMAN A, et al. Relationship between age, percentage body fat, fitness, and 24-hour growth hormone release in healthy young adults: effects of gender [J]. Journal of clininical endocrinology & metabolism, 1994, 78 (3): 543-548.

[56] ELIAKIM A, et al. Exercise and the growth hormone-insulin-like growth factor-1 axis [M]. Totowa: humana press, 2000.

[57] FELSING N E, et al. Effect of low and high intensity exercise on circulating growth hormone in men [J]. Journal of clinical Endocrinology & metabolism, 1992, 75 (1): 157-162.

附　　录

一、影响儿童少年身体素质敏感期生理生化指标筛选专家调查问卷

尊敬的专家：

为探究儿童少年身体素质敏感期随身体形态、神经系统、心血管机能、内分泌系统等生长发育变化的阶段规律，更好地服务于体育教育与训练，希望您对影响儿童少年运动能力的身体形态、生理生化指标进行筛选。

问卷仅作研究之用，研究中不会出现您的任何私密信息。

您的意见和建议将作为确定指标重要的参考依据，非常感谢您在百忙之中的填写。

李恩荆

联系电话：153××××××31

您的姓名：

职称或职务：

工作单位：

填表说明：

请您对表中测试指标的重要程度，按照5分制给予评分。

(5分——非常重要；4分——很重要；3分——重要；2分——一般，1分——不重要)

表 1　影响儿童少年身体素质敏感期的生理生化测试指标

一级指标	二级指标	测试指标	得分	备注
身体形态	长度	身高、体重、坐高、肢体长度		
	宽度	肩宽、臀宽		
	围度	大小腿围、胸围、腰围		
	皮褶厚度	肩胛、腹部、肱三头肌		
	营养	BMI		
机能	体成分	去脂体重		
		体脂率		
	心肺功能	形态（心室、心房）		
		每搏输出量		
		每分输出量		
		射血分数		
		肺活量		
	内分泌	睾酮		
		生长激素		
		雌二醇		
		IGF-1		
	神经系统	清醒闭眼脑电波		
		睁眼脑电波		
		睡眠时脑电波		

您认为还需要补充的指标是：______________________

二、儿童少年体质健康调研学生调查问卷

各位同学：你们好！

本调查问卷只作为我们全面了解你们参加体育锻炼的情况，和学习成绩无关，请如实填写。

本问卷由单选题和多选题组成，同学们在填写问卷时，请在题目前

面的（ ）内填上你认可、同意或符合实情的备选答案。注意请小学一—三年级学生填写时，教师给予指导完成。

谢谢合作！

课题组

一、你的个人情况

校　　名：__________ 年级：__________ 班级：__________

姓　　名：__________ 性别：（1）男；（2）女

出生日期：______ 年______ 月______ 日

二、请根据自己的实情，回答下列问题（选项写入题前括号内，每括号只能填一个选项）

（一）单选题

（ ）1. 过去一年内，你每天平均睡眠时间为：（注："6 小时～7 小时"是指等于或超过 6 小时，但是不足 7 小时，其余时间段相同。）

（1）不足 6 小时　（2）6 小时～7 小时

（3）7 小时～8 小时　（4）8 小时～9 小时

（5）9 小时～10 小时　（6）10 小时及以上

（ ）2. 你每天上学和放学回家时采用的主要交通方式是：

（1）步行（选择此项的请继续填第 3 题）

（2）自己骑自行车（选择此项的请继续填第 3 题）

（3）乘公交车

（4）我在学校寄宿

（ ）3. 你每天从家到学校的时间是：[上一题中选择（1）或（2）的填写此题]

（1）10 分钟以内　（2）10 分钟～20 分钟

（3）20 分钟～30 分钟　（4）30 分钟～40 分钟

（5）40 分钟～50 分钟　（6）50 分钟以上

（ ）4. 你每天吃早餐吗？

（1）从来不吃　（2）每周吃 1—2 次

（3）每周吃 3—5 次　（4）天天都吃

（ ）5. 你经常喝牛奶吗？（一袋是指 250～500 毫升）

（1）从来不喝　（2）有时喝

(3) 每天一袋牛奶 (4) 每天二袋牛奶

( ) 6. 你经常吃鸡蛋吗?

(1) 从来不吃 (2) 每周吃 1—2 次

(3) 每周吃 3—5 次 (4) 天天都吃

( ) 7. 最近一学期，你每周上几节体育课?

(1) 0 次 (2) 1 次

(3) 2 次 (4) 3 次

(5) 4 次及以上

( ) 8. 你喜欢上体育课吗?

(1) 非常喜欢 (2) 喜欢

(3) 一般 (4) 不喜欢

(5) 非常不喜欢

( ) 9. 你们学校是否存在“挤占”或“不上”体育课的现象?

(1) 经常存在 (2) 偶尔存在

(3) 不存在

( ) 10. 你上体育课时，经常会感觉到:

(1) 不出汗、很轻松 (2) 出汗、有点累

(3) 出汗、比较累 (4) 大汗淋漓、很累

( ) 11. 你平均每天上几次课间操?

(1) 0 次 (2) 1 次

(3) 2 次 (4) 3 次

(5) 4 次及以上

( ) 12. 最近一学年，学校共组织了几次运动会?

(1) 0 次 (2) 1 次

(3) 2 次 (4) 3 次及以上

( ) 13. 你认真做课间操吗?

(1) 经常缺席 (2) 偶尔参加

(3) 每次都去，认真锻炼 (4) 每次都去，但随便应付

( ) 14. 你愿意参加学校组织的课外体育活动吗?

(1) 非常愿意 (2) 愿意

(3) 一般 (4) 不愿意

（5）非常不愿意

（ ）15. 你每天平均用于体育锻炼的时间是？（体育锻炼是指学生在校期间参加的所有体育活动，主要包括课间操、体育课和课外体育活动）

（1）不足30分钟　　（2）30分钟～1小时

（3）1小时～2小时　　（4）2小时及以上

（ ）16. 你的父母支持你在课余时间内参加体育活动吗？

（1）非常支持　　（2）支持

（3）不太支持　　（4）非常不支持

（ ）17. 你的父母亲在业余时间里喜欢参加体育活动吗？

（1）父母都不喜欢　　（2）父亲喜欢

（3）母亲喜欢　　（4）父母都喜欢

（ ）18. 你愿意参加长跑锻炼吗？

（1）非常愿意　　（2）愿意

（3）一般　　（4）不愿意

（5）非常不愿意

（ ）19. 你认为目前的课业负担如何？

（1）很重，应付不过来　　（2）比较重，很吃力

（3）一般，应付得了　　（4）不重，轻松应付

（ ）20. 你放学后平均每天用于做家庭作业的时间是：

（1）0.5小时以内　　（2）0.5小时～1小时

（3）1小时～2小时　　（4）2小时～3小时

（5）3小时及以上

（ ）21. 你平均每天看电视、玩电子游戏和电脑的时间是：

（1）0小时　　（2）0.5小时以内

（3）0.5小时～1小时　　（4）1小时～2小时

（5）2小时～3小时　　（6）3小时及以上

（二）多选题

（ ）22. 你喜欢参加的体育项目主要是？（限选3项，按照喜欢程度排序）

（1）篮球、足球、排球等球类活动

(2) 乒乓球、羽毛球等球类活动
(3) 游泳
(4) 轮滑（溜冰）等
(5) 游戏类（如跳绳、跳皮筋、踢毽子等）
(6) 短跑类（如 50 米跑等）
(7) 长距离跑（如 800 米/1000 米等）
(8) 跳跃类（如跳高、跳远等）
(9) 投掷类（如掷实心球、沙包等）
(10) 体操类（单、双杠，垫上运动等）
(11) 健身操类（广播体操、艺术体操、健美操等）
(12) 其他（请在后面横线上填写）________________

(　) 23. 你认为你的一些同学不积极参加体育活动的原因可能有哪些？(限选 3 项，按照重要程度排序)
(1) 怕累、怕吃苦
(2) 没有学生喜欢的体育项目
(3) 没有养成参加体育锻炼的习惯
(4) 课业负担重，没有时间
(5) 缺乏必要的体育场地和器材
(6) 怕受伤
(7) 家长不支持
(8) 认为没有必要

(　) 24. 你认为你的一些同学不喜欢参加长跑锻炼的原因是？(限选 3 项，按照重要程度排序)
(1) 太累，怕吃苦
(2) 不喜欢、枯燥无味
(3) 身体不好，不能参加
(4) 缺乏场地
(5) 害怕受伤
(6) 没有时间
(7) 家长不支持

(　) 25. 一般情况下，你的周末是怎样安排的？(限选 3 项，按照

实际情况排序）

（1）以学习为主（完成课内和课外作业）

（2）以户外活动为主（运动、郊游等）

（3）以看电视为主

（4）以玩电脑为主

（5）以参加兴趣班为主（如学习类兴趣班）

三、告家长知情书

学生家长：

你们好！

为了全面掌握我校学生生长发育情况，促进学生体质健康发展，及早发现一些身体发育隐患，特安排本月 10 日开始由青少年身体素质课题组对部分在校学生免费进行身体检查，检查指标及意义如下：

身体形态发育指标：测量身高、体重、皮褶厚度等基本发育指标，判断学生身体发育情况；骨龄测试判断骨骼发育情况，并可以较为精确地预测身高。

身体机能指标：测试心肺功能如心脏彩超判断心脏发育情况；肺活量测试判断呼吸系统发育情况。

身体素质指标：50 米跑、耐力跑、象限十字跳、选择反应时等判断身体力量、耐力、速度、柔韧、灵敏等身体素质发育指标。

血液检查：抽取 3～5mL 血液，检查学生激素发育情况。

本次测试工作委托北京体育大学负责，我校体育教师协助。采血工作由广安市中心医院体检科完成，测试数据可以免费提供给家长参考。

家长如果同意本次测试工作，请签写“同意”；若不同意请签写“不同意”。并请学生带回交与班主任。

课题测试组

学校名称：

学生姓名：

学生班级：

家长意见：

家长签名：

家长联系方式：

四、形态指标测量细则

（一）长度测量指标

1. 身高

测量仪器：机械式身高坐高计。测量前使用150cm的标准钢尺进行校验。首先，将钢尺的“0”点放在身高计的底板上，并使钢尺紧靠身高计立柱。然后，将身高计水平压板向下滑动至钢尺上端，比较身高计的测量数值与钢尺的额定长度，误差不超过0.2cm。

测量方法：将身高坐高计座板掀起，受试者赤脚，背向立柱站在身高计的底板上，躯干自然伸直，头部正直，两眼平视前方（耳屏上缘与眼眶下缘最低点呈水平位）；上肢自然下垂，两腿伸直，两脚跟并拢，脚尖分开约60°，脚跟、骶骨部及两肩胛间区与立柱相接触，成“三点一线”站立姿势。此时，测量人员单手将水平压板轻轻沿立柱向下滑动至受试者头顶。测量人员读数时双眼应与水平压板平面等高。记录员复诵后记录之。记录以厘米（cm）为单位，精确到小数点后1位，填入方格内。测量误差不得超过0.5cm。

注意事项：

①身高坐高计应选择平坦靠墙的地方放置，立柱的刻度尺应面向光源。

②严格掌握“三点靠立柱”“两点呈水平”的测量姿势要求，测量人员读数时两眼必须与压板等高，两眼高于压板时要下蹲，低于压板时应垫高。

③水平压板与头部接触时，松紧要适度，头发蓬松者要压实，头顶的发辫、发结要放开，饰物要取下。

④读数完毕，立即将水平压板轻轻推向安全高度，以防碰坏。

2. 体重

测量仪器：杠杆秤或指定的电子体重计。使用前需检验其准确度和灵敏度。准确度要求误差不超过0.1%，即每百千克误差小于0.1kg。检验方法是：以备用的10kg、20kg、30kg标准砝码（或用等重标定重物代替）分别进行称量，检查指示读数与标准砝码误差是否在允许范围内。灵敏度检验方法是：置100g重砝码观察刻度尺抬高了3mm或游标向远移动0.1kg时，刻度尺在维持水平时是否达到要求。电子体重计的显示应精确到0.1kg。

测量方法：测量时杠杆秤或电子体重计应放在平坦地面上，调整0点。男生身着短裤，女生身着短裤和短袖衫（背心），站立于秤台中央。用杠杆秤时，测量人员放置适当砝码并移动游码至刻度尺平衡。读数以千克（kg）为单位，精确到小数点后1位。电子体重计读显示数值即可。记录员复诵后将读数填入方格内，检测误差不超过0.1kg。

注意事项：

①受试者站在秤台中央，上、下体重秤时动作要轻。

②每天使用杠杆秤时均需校正。

③测量体重前，受试者尽量避免参加剧烈的体育活动和体力劳动。

3. 坐高

坐高指坐位姿势时头顶点至座板平面之间的垂直距离。

测量仪器：身高坐高计

测量方法：令受试者坐于身高坐高计座板上，躯干与头部自然正直，保持耳眼水平位，骶骨及肩胛间紧贴立柱。上臂自然下垂，大腿与地面平行并与小腿成直角，注意不要用手撑座板。测量人员将水平压板沿立柱缓慢下滑，轻压受试者头顶部。两眼与压板呈水平位时进行读数并记录。测量误差不得超过0.5cm。

4. 臂展

两上肢向左右做水平伸展时两侧指尖点间的直线距离。

测量仪器：指矩尺或带滑板2m以上刻度的钢尺（每米误差不超过0.2cm）。

测量方法：将测量尺固定在平台上，受试者两脚分开，两臂侧平举，上体伏在测量尺上，一手指尖点固定于0位，另一侧上肢尽量向侧伸展，手掌（掌心）、臂、胸紧贴尺面，两臂成一直线，测量人员面对受试者，测量两中指尖点之间的直线距离。另外还可将直尺与地面平行固定在墙壁上，令受试者面对墙壁站立，两臂侧平举，测量两中指尖点之间的直线距离。测量误差不得超过0.5cm。

5. 上肢长

上肢长是指肩峰点至中指指尖的垂直距离，包括上臂长、前臂长和手长。

测量仪器：带有游标的直钢尺，使用前进行校正，每米误差不得超过 0.2cm。

测量方法：受试者自然站立，两腿分开与肩同宽，两臂伸直自然下垂，五指并拢伸直。测量人员站在受试者右侧后方。钢尺的固定齿端对准中指尖点，移动钢尺的游标，使之抵触肩峰点，测量肩峰点至中指尖点的距离，读数。记录以厘米（cm）为单位，精确到小数点后 1 位，填入方格内。测量误差不得超过 0.5cm。

注意事项：

①应先找准肩峰点。测量时，测量仪器必须保持与上肢纵轴平行。

②受试者的手掌与前臂必须成一条直线。

6. 上臂长

上臂长是指肩峰点至桡骨小头之间的直线距离。

测量仪器：带有游标的直钢尺，使用前进行校正，每米误差不得超过 0.2cm。

测量方法：受试者自然站立，两腿分开与肩同宽，两臂伸直自然下垂，五指并拢伸直。测量人员站在受试者右侧后方。钢尺的固定齿端对准肩峰点，移动游标，使之抵触桡骨小头，测量肩峰点至桡骨点（桡骨小头）的直线距离，读数。记录以厘米（cm）为单位，精确到小数点后 1 位，填入方格内。测量误差不得超过 0.5cm。

注意事项：应先找准肩峰点和桡骨小头。测量时，测量仪器必须保持与上肢纵轴平行。

7. 前臂长

前臂长是指桡骨小头至桡骨茎突之间的直线距离。

测量仪器：带有游标的短钢尺，使用前进行校正，每米误差不得超过 0.2 厘米。

测量方法：受试者自然站立，两腿分开与肩同宽，两臂伸直自然下垂，五指并拢伸直。测量人员站在受试者右侧后方。钢尺的固定齿端对准桡骨小头，移动游标，使之抵触桡骨茎突，测量桡骨小头至桡骨茎突的直线距离，读数。记录以厘米（cm）为单位，精确到小数点后 1 位，填入方格内。测量误差不得超过 0.5cm。

注意事项：应先找准桡骨小头点和桡骨茎突点。测量时，测量仪器必须保持与前臂纵轴平行。

8. 手长

手长是指中指尖至桡尺骨远端腕横纹中点的距离。

测量仪器：带有游标的短钢尺，使用前进行校正，每米误差不得超过 0.2cm。

测量方法：受试者自然站立，两腿分开与肩同宽。右手伸直，五指并拢，掌心向上。测量人员站在受试者右侧，用钢尺的固定齿端对准腕横纹中点，移动游标，使之抵触中指尖，测量桡尺骨远端腕横纹中点至中指尖的直线距离，读数。记录以厘米（cm）为单位，精确到小数点后 1 位，填入方格内。测量误差不得超过 0.5cm。

9. 下肢长

测量仪器：带游标的直钢尺。测量前进行校正，每米误差不超过 0.2cm。

测量方法：受试者自然站立，两腿分开与肩同宽。测量人员站立在受试者右侧。分别按照以下测量点进行测量。

下肢长 H：测量髂嵴点至地面的垂直距离。

下肢长 A：A 点是髂前上棘上缘，即髂前上棘点。测量髂前上棘点至地面的垂直距离。

下肢长 B：测量股骨大转子尖经外踝尖至地面的垂直距离。

下肢长 C：测量臀纹线至地面的垂直距离。

10. 大腿长

大腿长是指髂前上棘至胫骨点（胫骨平台上缘）的垂直距离。

测量仪器：带游标的钢尺。测量前进行校正。每米误差不得超过 0.2cm。

测量方法：受试者自然站立，两腿分开与肩同宽。测量人员站立在受试者右侧，将固定齿端抵住髂前上棘，活动钢尺上的游标抵到胫骨点上缘读数，读数。记录以厘米（cm）为单位，精确到小数点后 1 位，填入方格内。测量误差不得超过 0.5cm。

注意事项：受试者保持身体直立，两腿伸直。

11. 小腿长

小腿长是指胫骨点（胫骨平台上缘）至胫骨内踝点（内踝下缘）之间的垂直距离。

测量仪器：带游标的钢尺。测量前进行校正，测量误差每米不超过 0. 2cm。

测量方法：受试者站立，重心落在左腿上。右腿抬起、屈膝将脚踩在凳子上，全脚掌贴在凳面，小腿与凳面垂直。测量人员面对受试者，保持游标钢尺与小腿胫骨纵轴平行，钢尺的固定齿端接触胫骨内踝点，移动游标，使其对准胫骨平台上缘。测量胫骨平台上缘至胫骨内踝下缘的距离，读数。记录以厘米（cm）为单位，精确到小数点后 1 位，填入方格内。测量误差不得超过 0. 5cm。

注意事项：小腿必须与凳面垂直，钢尺应与胫骨平台平行。

12. 小腿长＋足高（小腿长 A）

小腿长 A 是指胫骨点至地面的距离。

测量仪器：带游标的钢尺。测量前进行校正，测量误差不超过 0. 2cm。

测量方法：受试者站立，重心落在左腿上。右腿抬起、屈膝将脚踩于凳子上，全脚掌贴于凳面，小腿与凳面垂直。测量人员面对受试者，游标钢尺与小腿胫骨纵轴平行，钢尺的固定齿端接触凳面，游动游标，使其对准胫骨点，测量胫骨点至凳面距离，读数。记录以厘米（cm）为单位，精确到小数点后 1 位，填入方格内。测量误差不得超过 0. 5cm。

注意事项：小腿必须与凳面垂直，钢尺应与胫骨平台平行。

（二）围度

1. 胸围

测量仪器：尼龙带尺。使用前经钢卷尺校对，每米误差不超过 0. 2cm。

测量方法：受试者自然站立，两足分开与肩同宽，双肩放松两臂自然下垂，平静呼吸。测量人员立于受试者前面。将带尺上缘经背部肩胛下角下缘向胸前围绕一周。男生及未发育女生，带尺下缘在胸前沿乳头上缘；已发育女生，带尺在乳头上方与第四肋骨平齐。带尺围绕胸部的松紧度应适宜，以对皮肤不产生明显压迫为度。应在受试者呼气未结束时读取数值，带尺上与 0 点相交的数值即为胸围值。记录以厘米（cm）为单位，精确到小数点后 1 位。读数填入方格内，测量误差不超过 0.5cm。

注意事项：

①测量时，注意受试者姿势是否正确，如有低头、耸肩、挺胸、驼背等状况，要及时纠正。

②测量人员应严格控制带尺的松紧度，并做到测量全过程的一致性，以求减小误差。

③如触摸不到肩胛下角，可让受试者扩胸，待触摸清楚后，受试者应恢复正确测量姿势。

④如两侧肩胛下角高度不一致时，以低侧为准。

2. 腰围

测量仪器：尼龙带尺。测量前应对带尺进行校正，可用钢尺与之比较，带尺误差不超过 0.2cm。

测量方法：受试者自然站立，两肩放松，双臂交叉抱于胸前。测量人员面对受试者，将带尺经脐上 0.5～1cm 处（肥胖者可选在腰部最粗处）水平绕一周。带尺围绕腰部的松紧度应适宜（使皮肤不产生明显凹陷）。带尺上与“0”点相交的数据即为测量值。记录以厘米（cm）为单位，精确到小数点后 1 位，填入方格内。测量误差不得超过 0.5cm。

注意事项：

① 测量时带尺的松紧度应适宜，不要过紧或过松。

② 测量时男子只能穿短裤，女子穿短裤、背心或短袖衫。

3. 臀围

测量仪器：尼龙带尺。测量前应对带尺进行校正，可用钢尺与之比较，每米误差不超过 0.2cm。

测量方法：受试者自然站立，两肩放松。双臂交叉抱于胸前。测量人员立于受试者侧前方，将带尺沿臀大肌最突出处水平围绕一周。带尺围绕臀部的松紧度应适宜（使皮肤不产生明显凹陷）。带尺上与“0”点相交的数值即为测量值。记录以厘米（cm）为单位，精确到小数点后 1 位，填入方格内。测试误差不得超过 0.5cm。

注意事项：测量人员应严格控制带尺的松紧度；测量时，男性受试者只能穿短裤，女性受试者穿短裤、背心或短袖衫；测量时，受试者不能有意识地挺腹或收腹。

4. 大腿围

测量仪器：尼龙带尺。测量前应对带尺进行校正，可用钢尺与之比较，每米误差不超过 0.2cm。

测量方法：受试者两足分立与肩同宽，体重平稳地落在两足，双肩放松。测量人员站在受试者的侧方，将带尺置于大腿臀大肌皱纹（臀纹点）处水平环绕一周，量其围度。记录以厘米（cm）为单位，精确到小数点后 1 位。测量误差不得超过 0.5cm。

注意事项：测量人员应帮助受试者将臀纹点外露，并监督受试者保持正确测试姿势。

5. 小腿围

测量仪器：尼龙带尺。测量前应对带尺进行校正，可用钢尺与之比较，每米误差不超过 0.2cm。

测量方法：受试者两足分立与肩同宽，体重平稳地落在两足，两肩放松。测量人员站在受试者的侧方，将带尺经腓肠肌最粗处水平环绕一周，量其围度，记录以厘米（cm）为单位，精确到小数点后 1 位。测量误差不得超过 0.5cm。

注意事项：受试者应保持正确姿势，使身体的重量平均落于两腿上。

（三）皮褶厚度

测量仪器：皮褶厚度卡钳。

测量方法：受试者自然站立，充分裸露被测部位。测量人员用左手拇指和食、中指将被测部位皮肤和皮下组织捏提起来，测量该皮褶捏提点下方 1 厘米处的厚度，测量五次，去掉最高值和最低值，取中间 3 次平均值或两次相同的值。记录以毫米（cm）为单位，精确到小数点后 1 位。

测量部位：

肱三头肌部测量点：测量右上臂肩峰后面与尺骨鹰嘴连线中点处，

沿上肢长轴方向纵向捏提皮褶。

肩胛部测量点：测量右肩胛下角下方 1cm 处，与脊柱呈 45°方向斜行捏提皮褶。

腹部：测量脐水平线与右锁骨中线交界处，沿躯干长轴方向纵向捏提皮褶。

（四）宽度

1. 肩宽

测量仪器：测径规。使用前应以标准钢尺或特定标尺校正，50cm 误差不超过 0.2cm，或 5cm 误差不超过 0.1cm。

测量方法：受试者两足分立与肩同宽，自然站立，两肩放松。测量人员在受试者的背面，先用两手拇指沿左右肩胛骨的肩胛冈，自内向外摸到肩缝外侧缘中点，然后用测径规测量两点之间的距离。测量误差不得超过 0.5cm。

注意事项：测量时受试者两肩放松，不可耸肩。注意鉴别肩峰点与肱骨大结节，为此可令受试者两臂旋前旋后，若测点随之转动即表明测点不在肩峰点上，应予以纠正。

2. 盆骨宽

测量仪器：测径规。

测量方法：受试者自然站立，两足分立与肩同宽，自然站立，两肩放松。测量人员站在受试者的背面，用食指摸到髂嵴点（骨盆最宽处），用测径规量取两测点间的距离。

五、生理功能指标检测细则

1. 心血管系统

检测仪器：便携式超声心动图仪

检测方法：受试者平卧或左侧卧位，平静呼吸。探头置于胸骨左缘第 3 或第 4 肋间，涂耦合剂后进行定点，或探头作弧形转动扫查。从心底部扫查到心尖部，必要时在剑突下或胸骨上窝探查。

检测指标：左心室舒张末期内径（LVDd）、左心室收缩末期内径（LVDs）、室间隔厚度（IVS）、心率（HR）、左心室舒张末期容积

(LVEDV)、左心室收缩末期容积(LVESV)、每搏量(SV)、射血分数(EF%)、心输出量(CO)。

2. 脑电图

检测仪器：数字化便携式脑电图仪

检测方法：

①打开电源先预热机器、稳压，然后开机。

②检查前，清洁受试者头皮，正确按规范安放电极。

③打开脑电图检查操作界面，检查无线蓝牙接收器信号灯是否正常。连接导联线与采集盒，打开开关，检查采集盒电池是否够用。交代受试者不要触动采集盒开关及连线接头。

④机器连通受试者后，检查各导联图像监测是否清晰、基线是否稳定等。如有干扰，检查原因。a. 充分与受试者沟通，使受试者完全放松下来。b. 检查导联线与采集盒接头接触情况及电极与头皮极接触情况，排除干扰。

⑤一切正常后，进入记录操作，进行生物定标，检查机器时间常数、滤波、增益是否在要求范围。

⑥监测过程中，要定期观察仪器运行是否正常，保持室内安静，避免有人走动及各种外界干扰。

⑦检查结束，停止记录。退出界面，断开导联线与采集盒的连接，轻轻取下受试者头上盘状电极，清除电极膏，消毒、干燥备用。

⑧检查完毕应将时间常数、滤波、增益等检查一遍，归回常规位置，全部检查结束后离开检查室前应关机，关闭总电源，遮盖仪器。

注意事项：

①检查时要保持自然，不要有恐惧心理。

②全身肌肉放松以免肌电受干扰。

③在检查前 1 天要洗头，且不能使用发油。

④检查前 24 小时要停止服用镇静剂、兴奋剂及其他作用于神经系统的药物，以避免检查时形成假象，影响检查结果的判断。

⑤检查必须在饭后 3 小时内进行，以防因低血糖而影响检查的结果。

六、运动能力指标测试细则

1. 50m 跑

测试仪器：电子秒表

测试方法：受试者至少 2 人一组，采用站立式起跑；当听到起跑信号后，立即起跑，全力跑向终点线。发令员站在起点线的侧面，在发出起跑信号的同时，要挥动发令旗。计时员位于终点线的侧面，视发令旗挥动的同时，开表计时。当受试者胸部到达终点线的垂直面时停表。

注意事项：

①测试前，测试人员应明确告诉受试者要全速直线跑，途中不得串道。

②起跑前，受试者不能踩、跨起跑线；如抢跑，应将其召回，重跑。

③测试时，受试者应穿运动鞋或胶鞋，但不能穿钉鞋、皮鞋、塑料凉鞋。

④测试时，如遇风，一律顺风跑。

记录方法：以秒（s）为单位，保留小数点后 1 位。小数点后第二位数按非“0”进“1”的原则进位。

2. 握力

测试仪器：电子握力计。

测试方法：测试前，测试人员根据使用说明，打开电源，检查握力计工作状态。受试者用有力手握住握力计内外握柄，另一只手转动握距调整轮，调整到适宜的用力握距，准备测试。测试时，受试者身体直立，两脚自然分开，与肩同宽，两臂斜下垂，掌心向内，用最大力紧握内外握柄。测试 2 次，最大测试误差不得超过 0.1kg。

注意事项：

①测试时，禁止摆臂、下蹲或将握力计接触身体。

②如果受试者不能确定有力手，可双手各测试 2 次，记录最大数值。

③每次测试前，须按“按键”清空回零。

④应根据每名受试者手的大小调整握距。

⑤握时不可用冲力，也不可第二次用力。

⑥对没有测试经验的小年龄受试者进行辅导，提供练习机会，帮助其掌握要领。

⑦测试前应有必要的身体准备活动，但不要剧烈运动，以免影响成绩。

记录方法：测试人员记录最大值，以千克（kg）为单位，精确到小数点后 1 位。

3. 背力

测试仪器：电子背力计

测试方法：打开电源开关，按“按键”，显示屏上出现闪烁信号，最后定格在“0”数值上，表明背力计进入工作状态。受试者两脚尖分开约 15 厘米，直立在背力计的底盘上，两臂和两手伸直下垂于同侧大腿的前面。测试人员使背力计握柄与受试者两手指尖接触，背力计握柄至底盘传感器挂钩的距离即为背力计拉链的长度。测试时，受试者两臂伸直，掌心向内，紧握握柄，两腿伸直，上体绷直抬头，尽全力做背伸动作。测试 2 次，记录最大值，以千克（kg）为单位，不计小数。

注意事项：

①测试前，受试者应做好准备活动。

②测试时，受试者不能屈肘、屈膝。

③每次测试前，须按“按键”清空回零。

4. 立定跳远

场地器材：在沙坑（沙面与地面平齐）或土质松软的平地上进行。起跳线至沙坑近端距离不得少于 30cm。起跳地面要平坦，不得有凹陷。

测试方法：受试者两脚自然分开站在起跳线后，脚尖不得踩线（最好用线绳做起跳线）。两脚原地同时起跳，不得有垫步或连跳动作。丈量起跳线后缘至最近着地点后缘之间的垂直距离。

注意事项：

①发现犯规时，此次成绩无效。三次试跳均无成绩者，再跳至取得成绩为止。

②受试者可以赤脚，但不得穿钉鞋、皮鞋、塑料凉鞋进行测试。

③受试者起跳前，双脚均不能踩线、过线。

④受试者起跳时，不能有垫跳、助跑、连跳等动作。

记录方法：每人试跳三次，记录最好成绩。以厘米（cm）为单位，精确到个位。

5. 800m 跑（女生）或 1000m 跑（男生）

场地器材：地面平坦的田径跑道。发令旗一面，发令哨一个，秒表若干块。

测试方法：受试者至少两人一组，采用站立式起跑；在听到起跑信号后，立即起跑，全力跑向终点线。发令员站在起点线的侧面，在发出起跑信号的同时，要挥动发令旗。计时员位于终点线的侧面，视发令旗挥动的同时，开表计时；当受试者跑完全程，胸部到达终点线的垂直面时停表。测试 1 次。记录跑完全程的时间，以秒（s）为单位，保留小数点后 1 位。小数点后第 2 位数按非“0”进“1”的原则进位。

注意事项：

①测试前，测试人员应明确告诉受试者途中不得串道。

②起跑前，受试者不能踩、跨起跑线；如抢跑，应将其召回，重跑。

③测试时，要及时向受试者报告所剩下的重复圈数，以免跑错距离。

④测试时，受试者应穿运动鞋和胶鞋，但不得穿钉鞋。

⑤受试者通过起终点线后方可减速。

记录方法：先将成绩依分、秒写入相应横线内。再换算成秒（s），精确到小数点后 1 位。

6. 50m×8 跑（小学）

基本同 800m 或 1000m 测试。但绕杆必须采用逆时针绕行。记录跑完全程的时间，以秒（s）为单位，保留小数点后 1 位。小数点后第 2 位数按非“0”进“1”的原则进位。

标志杆摆放在距离起点和终点内侧 0.5m 处。

7. 象限十字跳

场地器材：

①在平坦的地面上画两条互相垂直的直线（约 1m 长）。将测试地面分为 4 个象限，并标示数字顺序为 1、4、2、3。

②秒表、发令哨、直尺、粉笔。

测试方法：受试者双脚并拢，微屈膝立于象限“1”中。听到开始信号后，双脚并拢按 1→2→3→4→1 的顺序跳跃，计完成 10s 的正确次数。测 3 次，取最好成绩。

测试单位：秒（精确到 0. 01s）。

注意事项：

①双脚要同时起跳、落地；受试者每完成一次时，测试员应向受试者提示次数。

②罚则：双脚踩线或踏错“象限”，每次减半次。测试者要累加受试者的错误次数，从总成绩中减去。计算是 10s 内双脚准确落在象限内的次数作为所得的测验成绩，每跳一个象限可得 1 分，如果踏线或跳错了象限，每次扣 0.5 分。

8. 反应时（选择反应时）

场地器材：反应时测试仪

测试方法：计取受试者对仪器呈现光信号刺激所做出的快速反应时间。测试 3 次，取最好成绩。

注意事项：

①测试前应向受试者讲解仪器的使用方法，并允许其试验。

②如受试者过于疲劳应允许其适当休息。

七、骨龄检测细则

检测方法（手腕骨 X 射线片的拍摄）：左手五指分开，手心向下紧贴 X 射线片盒，手伸直与前臂成一直线，X 射线光镜头对准第三掌骨头，距手背约 90cm。X 射线片除应包括全部手、腕骨外，还应包括桡骨远侧端 3～4cm。

注意事项：

①手腕骨 X 射线片的拍摄：拍摄左手腕部正位 X 射线片，出拍摄手部关节的各块骨外，还应当包括桡尺骨远端骨干 2～3cm，管片距为 70～90cm。

②手的放置左手掌面向下，紧贴暗盒，中指轴与前臂轴成直线，五指自然分开，拇指与手掌呈约 30°。X 射线机的球管中心正对第三掌骨头。

八、测试仪器型号规格

名称	型号	生产厂地
数字化 X 光骨龄仪	SHJ-1	中国北京
超声心动图仪	GE Vivid I	美国
体成分分析仪	InBody 230	韩国
数字化脑电图仪	NCC Nation 9128W	中国上海
体重秤	苏宏 RGZ-120	中国江苏
身高坐高计	健民 TZG-2	中国北京
数显电子握力计	健民 WCS-99. 9	中国北京
肺活量测试仪	健民 FHL-Ⅱ	中国北京
电子背力计	健民 BLJ-Ⅰ	中国北京
反应时测试仪	健民 FYS-Ⅱ	中国北京
坐位体前屈测试仪		中国北京
形态测量尺		中国北京
皮褶厚度卡钳		中国北京

九、本书主要符号

英文缩写	英文全称	中文全称
BW	Body Weight	体重
FFM	Fat Free Mass	去脂体重
BMI	Body Mass Index	身体质量指数
T	Testosterone	睾酮
GH	Growth Hormone	生长激素
SV	Stroke Volume	每搏输出量
EF	Ejection Fraction	射血分数
CO	Cardiac Output	心输出量
EEG	Electroencephalogram	脑电图
SA	Skeletal Age	骨龄
IGF-1	Insulin-like Growth Factors-1	胰岛素样生长因子-1